Achtsame Gedanken für
WANDERER

Titel der Originalausgabe: *Mindful Thoughts for Walkers*

© 2019 Librero IBP (für die deutschsprachige Ausgabe)
Postbus 72, 5330 AB Kerkdriel, Niederlande

© 2017 Quarto Publishing plc

Verlegerin: *Susan Kelly*
Kreativdirektor: *Michael Whitehead*
Lektoratsleiter: *Tom Kitch*
Artdirector: *James Lawrence*
Cheflektorin: *Monica Perdoni*
Verantwortliche Redakteurin: *Jenny Campbell*
Lektorin: *Jenni Davis*
Illustrator: *Lehel Kovacs*

Übersetzung aus dem Englischen:
Maëlle Nausner, Wien
Redaktion und Satz der deutschen Ausgabe: Print Company
Verlagsges.m.b.H., Wien

Printed in China

ISBN: 978-94-6359-165-2

Alle Rechte vorbehalten. Nichts aus dieser Ausgabe darf ohne vorherige
schriftliche Zustimmung des Verlags elektronisch oder mechanisch
vervielfältigt, gespeichert, veröffentlicht, fotokopiert oder aufgenommen
werden.

Achtsame Gedanken für
WANDERER

Zu Fuß auf dem Zen-Pfad

Adam Ford

Librero

Inhalt

EINLEITUNG Gehe den buddhistischen Weg   6

Die Last des Selbst   10

Wandern auf alten Pfaden   16

Die Illusion der Eile   22

Die Zeit nehmen, zu atmen   28

Wissen einatmen   34

Der Zen-Gong der Erkenntnis   40

Der Waldweg   46

Die Art der Pilger   52

Der Langstrecken-Weg   58

Gehen unter Mond & Sternen   64

Die Schöpfungskraft des Gehens   70

Wegerechte   76

Du bist nicht alleine auf dieser Welt   82

Du musst nicht den Gipfel erobern	88
Auf dem Weg Ruhe finden	94
Die Weggabelung	100
Gehen mit anderen	106
Befreie dich von innerer Unruhe	112
Gehe entlang von Flüssen und Kanälen	118
Entdecke die Stadt	124
Die Sonne im Rücken	130
Gehen bei nassem Wetter	136
Die Erde unter unseren Füßen	142
Gehen mit Elefanten	148
Du bist Teil der Natur, durch die du gehst	154
DANKSAGUNG	160

EINLEITUNG

Gehe den
buddhistischen Weg

Einen ausgiebigen Spaziergang zu machen ist mitunter das Beste, was wir für uns selbst tun können. Gehen gehört zu den natürlichsten Bewegungsformen, trainiert den Körper und stimuliert das Herz und befreit dabei gleichzeitig unseren Geist, der dadurch offener und wachsamer wird. Wie ein zu stark beanspruchter Muskel muss der Geist sich freimachen, bevor er loslassen kann, sodass wir den Moment im Hier und Jetzt genießen und uns der Realität stellen können. Von einem erfolgreichen Spaziergang kehren wir mit klarem Kopf erfrischt zurück. Dieses Buch will zeigen, wie wir unsere Achtsamkeit steigern und unser bewusstes Leben verbessern können. So bekommen wir beim Gehen ein Verständnis dafür, wo unser Platz in der Natur ist. Wir können uns mit Fragen auseinandersetzen, die wir schon lange mit uns tragen: Wer bin ich? Woher bin ich gekommen? Wohin gehe ich? Dabei ist es egal, ob wir ein nur ein wenig umherspazieren oder eine große, durchgeplante Wanderung über Bergketten und durch abgelegene Wälder machen.

Achtsamkeit ist ein Weg, um mit der Realität in Verbindung zu bleiben. Sie ist sowohl für einzelne Individuen als auch für uns als Mitglieder einer gewaltigen und potenziell destruktiven Spezies wichtig. Achtsamkeit hat ihre Wurzeln sowohl in der menschlichen Natur als auch im Buddhismus. Es ist nicht immer einfach, ein Mensch zu sein – wir sind zunehmend in Gefahr, ein Leben fieberhafter Angst zu führen, beunruhigt durch die Vergangenheit und in Sorge um die Zukunft, dabei das Leben im Hier und Jetzt vergessend. Wir verlieren die Fähigkeit der Kindheit, sich bedingungslos an einfachen Dingen zu erfreuen, einem Marienkäfer, einem Spielzeug oder einem Geschenk, und fürchten uns davor, älter zu werden.

Vor zweieinhalb tausend Jahren nahm Buddha Achtsamkeit als wesentlichen Bestandteil des Achtgliedrigen Pfades und des immerwährenden Kampfes gegen Unwissenheit in seine

Lehren auf. Er ermutigte seine Anhänger, ihrem Körper, ihren Gefühlen und ihren Gedanken mehr Aufmerksamkeit zu schenken, um dieses Bündel aus Sorgen, welches das Leben zu verderben droht, kennen und verstehen zu lernen und sich dessen bewusster zu werden. Er lebte in einer Zeit großer Veränderungen, als die alten Religionen hinterfragt wurden, und lehrte einen neuen spirituellen Weg, das Leben zu erforschen, ein Weg, der allen zugänglich war, ungeachtet dessen, welcher Kaste man angehörte oder ob man religiös war.

Ein frühes Bild zeigt Buddha sitzend, eine Hand vorgestreckt, um den Boden zu berühren. Die ursprüngliche Geschichte erzählt, dass Buddha in einem früheren Leben schwor, die Erleuchtung zu erlangen. Er bat so die Erde, seinen Schwur zu bezeugen. Er meditiert, was aber nicht heißt, dass er geistig abwesend ist, er ist geerdet in der physischen Realität, in diesem Augenblick, in der materiellen sowie der spirituellen Welt.

Eine altbekannte Art und Weise, um Achtsamkeit zu üben, ist, spazieren zu gehen und Buddhas Rat zu folgen: „Beim Gehen – einfach gehen."

Die Last
des Selbst

Buddha lehrte Achtsamkeit als Teil des Achtgliedrigen Pfades, der buddhistische Lebensart. Achtsamkeit als Übung ist auch getrennt von ihrem religiösen Ursprung wertvoll. Sie ist genauso wenig exklusiv buddhistisch, wie die Prinzipien Güte und Vergebung ausschließlich christlich sind.

Buddha war bewusst, dass das Leben im sechsten Jahrhundert vor Christus voll von Problemen, Schmerz und Leid war; abgesehen von allem anderen stehen uns noch dazu Alter, Krankheit und Tod bevor. Die Mehrheit der Menschen, die er beobachtete, fühlten sich unwohl und brauchten eine Anleitung, wie sie am besten ihr Leben leben sollten. Emotionale Ignoranz darüber, was es bedeutet, ein Mensch zu sein, war damals genauso verbreitet wie heute. Die traditionelle Religion zu Buddhas Zeit war einerseits von einem teilenden Kastensystem geprägt, wonach man bei der Geburt seinem Platz in der hierarchischen Gesellschaft zugeordnet wurde, und andererseits von einem mächtigen Priestertum dominiert, das Anbetung und geistliche Feste kontrollierte. Buddha wollte den Menschen etwas anderes geben, er zeigte ihnen einen Weg, der unabhängig war von Gesellschaftsordnung oder Priestertum und auf dem sie für ihren spirituellen Fortschritt selbst verantwortlich waren. „Finde deine eigene Erlösung mit Sorgfalt", waren seine letzten Worte zu einem Freund.

Das grundsätzliche Problem, das er erkannte, war das des „Ich". Alle Menschen klammern sich an ein Verständnis des Selbst, das Leid bedeutet. Dieser Gedanke ist für den Westen eine Herausforderung, in dessen Kultur das Individuum gerühmt und das Selbstvertrauen gelobt wird. Wir bewundern große Persönlichkeiten und belohnen sie mit Ruhm. Vielleicht haben wir uns daran gewöhnt, unser Selbst falsch zu denken.

AKZEPTIEREN WER WIR SIND

Wer ist es, der geht? Wir sind es gewöhnt, mit negativen Gefühlen über unser Selbst umzugehen, darüber, wer wir sind und wie wir uns verhalten haben. Wir bewältigen Erinnerungen, die uns zusammenzucken lassen, und Sorgen, die uns schwächen. Aber unsere Gefühle und Gedanken kommen und gehen wie Gewitterwolken und es kann eine große Erleichterung sein, wenn man denkt, dass nichts davon unser Selbst ausmacht.

Die meisten von uns wollen in dieser Selbstanalyse nicht so weit gehen wie Buddha, da dieser schlussfolgerte, dass es so etwas wie das Selbst nicht gibt (sein Ziel war das ferne und wortlose Stadium der Glückseligkeit, bekannt als Nirwana). In der Fachsprache der modernen Neurowissenschaften würde er das Selbst als „Konstrukt" beschreiben, eine Erfindung des Gehirns, um all unsere Erfahrungen sinnstiftend zusammenzuhalten. David Hume, schottischer Philosoph des achtzehnten Jahrhunderts, beobachtete Ähnliches. Er beschrieb den Menschen als bloßes Bündel aus Empfindungen: „Wenn ich in mich gehe, dann stolpere ich immer über die eine oder andere besondere Wahrnehmung, Hitze oder Kälte, Licht oder Schatten, Liebe oder Hass, Schmerz oder Freude. Ich bemerke, dass ich immer wahrnehme und nichts beobachten kann als die Wahrnehmung."

Wie auch immer wir unser Selbst betrachten – wir sprechen meistens von Seele, wenn es um unser inneres Selbst geht –, die buddhistische Herangehensweise deutet darauf hin, dass wir uns von vielen Dingen in unserem Selbstbild, die uns quälen, befreien können und mehr innere Freiheit besitzen, als wir denken. Wir lernen zu akzeptieren, wer wir sind.

SICH VOM DENKEN LÖSEN

Durch das Gehen können wir erst von dieser Last des Selbst loslassen. Gehen gibt uns einen Rhythmus, in dem wir unsere Gedanken sortieren, einen Rhythmus, in dem wir unsere Menschlichkeit bewältigen – sterblich, von Zweifeln und Schuldgefühlen betroffen, verletzlich und verwirrt. Das heißt nicht, dass wir vor unseren Problemen weglaufen – es geht eher darum, diese im richtigen Verhältnis zu sehen, nämlich als das, was sie sind. Es geht darum, nicht zuzulassen, dass Schuld, Sorge oder Angst uns überwältigen.

Hier müssen wir vorsichtig sein, denn wenn wir achtsam gehen, sollten wir einfach nur gehen. Anstatt mit unserem Ballast zu ringen, ist die erste Herausforderung eher, vom Denken loszulassen. Einfach gehen, ein Schritt nach dem anderen. Später beginnen die Dinge, sich wie von selbst zu ordnen. Lass Kopf und Herz klar werden. Fange an, nach außen zu schauen. Nimm die Geräusche um dich herum wahr, das Gurren einer Taube oder das Surren von Landmaschinen in der Ferne. Nimm Passanten mit einem Nicken oder Lächeln zur Kenntnis. Bleibe stehen und schaue einem Schmetterling zu. Atme bewusst und spüre, wie die Luft deinen Körper am Leben hält.

Wandern auf
alten Pfaden

Uralte menschliche Pfade erstrecken sich über unseren
Planeten, viele sind heute kaum noch erkennbar,
entweder überwachsen oder in Autobahnen verwandelt.
Manche kennzeichnen die langen und einsamen
Verbindungen zwischen entlegenen Siedlungen, während
andere ein dichtes Netz des Jagens, Pilgerns und Reisens
zeigen – eine aufschlussreiche Landkarte der Sozial-
geschichte, in den Boden geätzt und abgenutzt durch
Fußschritte, Hufe, Räder. Alte Handelsrouten umspan-
nen die Welt: die Seidenstraße aus China, über die
Gewürze, Stoffe und Porzellan in andere Teile der Welt
verbreitet wurden; die Nord-Süd-Routen des Tausches
von Papageien aus Mexiko gegen Türkis aus Arizona; die

Wege der Pioniere, die sich in Nordamerika Richtung Westen bewegten; oder auch der Traumpfad der Aborigines in Australien.

Eine kleine Recherche kann schnell aufzeigen, wo es auch in deiner Nähe alte Pfade für achtsames Gehen gibt. Einige kennen vermutlich das Gedicht *Der Weg durch den Wald* von Rudyard Kipling. Es beginnt so:

Sie schlossen die Straße durch den Wald,
vor siebzig Jahren.
Wetter und Regen haben sie wieder aufgemacht,
und jetzt würdest du nicht ahnen –
es führte einmal eine Straße durch den Wald.

Kiplings Vorstellungskraft ist dann bewegt von dem Gedanken an jene, die vor langer Zeit schon diesen Weg beschritten, und er fährt fort:

Wenn du aber den Wald betrittst
spät an einem Sommerabend,
wenn die Nachtluft auf den Teichen der Forellen abkühlt …
Wirst du den Rhythmus der Pferdehufe hören
und das Rascheln eines Rockes im Tau …

MIT DEN SEELEN SPAZIEREN

Es ist die Faszination für alte Strecken und Pfade, der Gedanke an all die Menschen, die diese Wege schon gegangen sind, ihre sowohl realen als auch metaphorischen Lasten tragend. Wenn wir auf diesen Pfaden gehen, sind wir in der Gesellschaft von Seelen, mit welchen wir die Aussicht teilen, auf denselben Felsen Pause machen und manchmal sogar unter denselben alten Bäumen am Wegesrand Schatten suchen.

Manchmal braucht es ein wenig Detektivarbeit, um auf einem alten Pfad die Anzeichen der Geschichte dieses Pfades zu sehen, wie der Weg von all den Menschen, die ihn vor dir zurückgelegt haben, geformt wurde. Eine gute Landkarte weist auf die Route einer alten römischen Straße hin, quer durch Wiesen und Felder und entlang neuerer Wege. Viele Karten kennzeichnen ganz klar alte Landstraßen, die es sich lohnt entlangzugehen, da sie sehr ruhig sind, vor allem im Vergleich zu den oft parallel verlaufenden Autobahnen, durch die sie ersetzt wurden. Aber viele kleinere Wege, oft mehrere hundert Jahre alt,

scheinen nur als Reit- oder Fußwege auf, ohne Hinweis
auf ihr ehrwürdiges Alter.

In Berglandschaften, wo Bauern ihr Vieh im Frühling
und im Sommer auf hoch gelegenen Almen weiden
lassen und vor dem Winter wieder ins Tal bringen, sind
die abgelegten Strecken leicht zu erkennen. Sie schlängeln sich durch den Wald, umgehen das Geröll und
überqueren Bäche, wo diese seicht genug sind. Solche
Pfade bringen uns zurück in eine vergangene Zeit.

HINZU KOMMEN DIE EIGENEN
FUSSABDRÜCKE

Dort, wo Feldwege in Fels übergehen, haben Wagenräder
manchmal den Weg geebnet und Rillen im Boden
hinterlassen – im Vergleich dazu scheinen unsere
Fußabdrücke doch sehr vergänglich.

Führt dich dein Weg durch Moorland, quer durch
Heide, Wollgräser und Farnkraut, findest du womöglich
mit Flechten bedeckte Felsen, die fast verloren aussehen
zwischen Grasbüscheln und Moos. Manche dieser

uralten Pfade gehen zurück auf die ersten Bauern der Jungsteinzeit. Was würden die Menschen von damals wohl von unserer heutigen Welt halten?

Aber es sind die versunkenen Pfade, die „Hohlwege", die wir am geheimnisvollsten finden, die alten Routen und Landstraßen, die schon so viel befahren wurden, dass heute tiefe Gräben im Boden sind, in denen man sich als Wanderer fühlt, als wäre man in einem Tunnel aus Vegetation. Spechte und kleine Vogelscharen kommen aus der Baumkrone hervor. Hier zu gehen ist wie eine Wanderung durch die Geschichte, wir teilen den Weg mit den Geistern aus der Vergangenheit und erkennen, dass wir für zukünftige Generationen selbst Teil von ihnen sein werden.

Die Illusion
der Eile

*„Kein Grund, zu hetzen! Wenn wir diesen Bus verpassen,
erwischen wir den nächsten!"*

Ein älterer Mann sprach zu einem Jüngeren, beide in
Rente. Es war ein strahlender Herbstmorgen und sie
waren gerade zu einem längeren Spaziergang aufgebro-
chen. Der Jüngere wollte so schnell wie möglich in den
Tag starten. Dann erkannte er aber, dass sein Begleiter
recht hatte. Es gab keinen Grund zur Eile. Zeit spielte
keine Rolle.

Das 21. Jahrhundert scheint gekennzeichnet zu sein
von Hektik. Es ist eine schnelllebige Welt, wir füllen
ständig Terminkalender mit Dingen, die wir tun sollten.
Wir wissen nicht mehr, wie wir aufhören und innehalten

sollen, und ignorieren diesen alten, oft lästigen Lehrspruch „Eile mit Weile" – lästig, weil es scheint, dass wir diesen immer nur von kritischen Beobachtern zu hören bekommen.

Die Fähigkeit, aufzuhören und innezuhalten, ist wesentlich für unsere geistige Gesundheit – erlernen können wir sie, während wir gehen. Vieles hängt natürlich von Alter und körperlicher Fitness ab, und beim Trainieren ist es durchaus wichtig, dass der Puls höher und die Atmung tiefer wird. Wir alle kennen dieses gute Gefühl nach körperlicher Betätigung. Aber es gibt auch Zeiten, in denen es wichtig ist, zu wissen, wie man aufhört.

ZURÜCK AUF DEM WEG DER ACHTSAMKEIT

Wir haben vielleicht beim Gehen einen schnelleren Rhythmus angenommen als beabsichtigt und vergessen, bewusst den Moment zu leben. Oder aber wir sind schon etwas älter und haben uns mit einer Wanderung übernommen, sodass diese uns überfordert und zur Herausforderung wird. Stets drängen wir vorwärts und nehmen so die Landschaft um uns herum gar nicht mehr wahr. Unser Stolz, die gewohnte Hektik und der Wille etwas „zu erledigen" spielen hier zusammen. Mit ein bisschen Glück erkennen wir irgendwann, wie lächerlich wir uns verhalten haben, und hören wieder auf. Wenn wir uns gestresst fühlen, helfen zwei Minuten bewusster Atmung, bei der man auf das Ein- und Ausatmen achtet, und schon sind wir zurück auf dem Weg der Achtsamkeit.

Ich selbst habe das erst wieder lernen müssen – es ist so leicht zu vergessen! Letztens habe ich mit meiner Familie eine Bergwanderung gemacht, unser Ziel war ein Gipfel, den ich schon lange nicht mehr bestiegen hatte. Aber natürlich werde ich älter und bergauf gehen wird von Jahr zu Jahr anstrengender für mich. Ich habe mich gefragt, ob ich es überhaupt schaffen würde. Es hat mich viel Überwindung gekostet, ich habe mich gezwungen, langsamer zu gehen und einen entspannteren Rhythmus anzunehmen als die Jüngeren in unserer Gruppe. Meine kleine Nichte war uns stets ein gutes Stück voraus, immer wieder blieb sie stehen, wartete, bis wir sie erreichten, und stürmte dann wieder vor. Sie war sehr wohlwollend, kein einziges Mal trieb sie uns an, schneller zu werden.

INNERE RUHE FINDEN

Lernen, langsamer zu werden oder ganz aufzuhören, ist nicht nur eine Frage des Pausierens während einer Bergwanderung – sobald wir herausgefunden haben, wie uns Aufhören gelingt, wird es zu einer Einstellung, die unser Handeln sowohl begleitet als auch bremst.

Diesbezüglich findet man in den frühen buddhistischen Schriften folgende Geschichte: Ein besonders grausamer Straßenräuber, der einen Fetisch für das Sammeln von menschlichen Fingern hatte, welche er als Halskette trug, folgte Buddha in den Wald. Sein Name war Angulimala ("Finger-Girlande"). Wissend, dass ein König aus der Region den abscheulichen Räuber endlich gefangen sehen wollte, begab sich Buddha auf die Suche nach ihm und machte sich selbst zum Köder. Als

Angulimala Buddha gesichtet hatte, ergriff er sein Schwert und stürmte ihm hinterher, gierig auf einen weiteren Finger für seine grausige Sammlung. Doch Buddha schritt ruhig und unbekümmert voran. Angulimala lief schneller, doch egal wie sehr er sich anstrengte, er schaffte es nicht, Buddha einzuholen. Schließlich brach der Räuber erschöpft zusammen.

So drehte Buddha sich um und sprach: „Angulimala – ich bin schon vor langer Zeit stehen geblieben. Es ist an der Zeit, dass du dich von der Gewalt abwendest und lernst, stehen zu bleiben." Das war für Angulimala die Erleuchtung, die ihn von seinen inneren Dämonen befreite. Er wurde zu einem hingebungsvollen und achtsamen Anhänger Buddhas.

Die Zeit nehmen,
zu atmen

Achtsamkeit ist etwas völlig Natürliches – wir geben uns ihr öfter hin, als wir glauben. Wenn wir Unkraut jäten, kochen, malen oder auch Landschaft und frische Luft bei einem Spaziergang genießen, dann sind wir achtsam, dann erfüllt uns das Hier und Jetzt. Solche Momente sind in unserem Alltag zwar selten, weil wir oft von Sorgen, Stress und Selbstzweifeln eingenommen sind, aber so muss es nicht sein. Wenn wir die Vorzüge von Achtsamkeit verstehen, können wir unsere eigene Achtsamkeit stärken, sodass wir, egal wo wir sind, im Moment leben können.

Das Wesentlichste bei Achtsamkeit ist das Atmen. Unsere Existenz hängt davon ab, vom Sauerstoff in der

Luft – fünf Minuten ohne Atmen und wir sind tot, und doch schenken wir dem Atmen so wenig Aufmerksamkeit. Für folgende Übung sollten wir es uns gemütlich machen, stehend oder sitzend, der Rücken gerade, die Schultern offen. Es sollte sich nichts gezwungen anfühlen. Atme ruhig und langsam – unser Körper gibt uns zu spüren, wie viel Luft wir brauchen. Dann beobachten wir einfach unsere Atmung, spüren bei jedem Atemzug, wie die Lunge sich ausweitet und wieder zusammenzieht. Während wir uns nur darauf konzentrieren, hören unsere Gedanken auf, sich zu zerstreuen, und unser Körper kommt zur Ruhe.

DEN EIGENEN RHYTHMUS FINDEN

Beim Gehen können wir achtsamer werden, indem wir unsere Atmung und die regelmäßige Bewegung unserer Gliedmaßen aufeinander abstimmen. Auch hier sollte sich nichts gezwungen anfühlen. Finde einfach einen angenehmen Rhythmus und achte auf deinen Atemzug. Wir sind alle anders gebaut und müssen somit unseren eigenen Weg finden. Tu, was sich gut anfühlt. Der Zen-Meister Thich Nhat Hanh liefert in seinem Buch *Einfach gehen* ein paar hilfreiche Tipps; er überlegt, wie denn das Gehen durch überfüllte Straßen oder in einem Flughafen oder auch beim Treppensteigen erfreulich sein kann. Er empfiehlt, zwei Schritte beim Ein- und drei beim Ausatmen zu machen, oder, wenn das einfacher ist, drei Schritte und fünf Schritte. Beim Bergaufgehen wird die Zahl dann reduziert. Wir hören auf unseren Körper und passen uns an – jede und jeder von uns kann so den eigenen natürlichen Rhythmus finden.

Achtsames Atmen und achtsames Gehen bilden gemeinsam die Grundlage, um zu erfahren, in welcher Beziehung wir zur Welt stehen, in der wir leben. Wir spüren die Erde unter unseren Füßen und die Schwerkraft des Planeten – vor allem wenn wir uns bergauf quälen. Und wenn wir unseren Körper im jetzigen Moment besser wahrnehmen, haben wir eine starke Basis und können unsere Umwelt bewusster und verständnisvoller wahrnehmen.

SICH ERINNERN

Die französische Schriftstellerin, Aktivistin und
Philosophin Simone Weil schrieb einst, dass jegliche
wissenschaftliche Forschung eine Form religiöser
Betrachtung darstellt. Auch ohne fundierte naturwissen-
schaftliche Kenntnisse können wir beim Spazierengehen
die Welt erforschen. Wenn wir einen langen Weg, von
Horizont zu Horizont gehen und dabei die vorbeiziehen-
de Landschaft, Hecken und Felder, Gebäude, Bäche,
Flüsse oder Felsnasen betrachten, können wir erkennen,
was menschengemacht ist und was nicht. Wir achten auf
die Geografie unseres Planeten und auf die Art und
Weise, wie unsere Spezies seine Oberfläche verändert hat
und auch weiterhin verändert.

Wir sind geleitet von unseren eigenen Interessen, zum
Beispiel für Vögel oder Schmetterlinge, Blumen oder
Bäume. Wenn wir lernen, diese zu unterscheiden, ist das
ein Weg, um unser vielseitiges Ökosystem besser
kennzulernen. Indem wir einen Schmetterling näher
betrachten, um seine Spezies festzustellen, bemerken wir

erst die wunderschönen Farben seiner Flügel. Erst wenn wir gelernt haben, innezuhalten, beginnen wir, den Unterschied zu hören zwischen einem Zaunkönig und einem Rotkehlchen, oder zwischen einer Drossel und einer Amsel.

Sobald wir die Freude und Ruhe, die Achtsamkeit mit sich bringt, für uns entdeckt haben, sollten wir sie nicht vergessen, sondern sie stärken. Wir sollten lernen, uns daran zu erinnern, auch nachdem wir von einem Spaziergang zurück sind. Achtsamkeit hilft uns in Phasen der Angst und der Sorgen.

Wissen
einatmen

Stell dir vor, du gehst im Frühling durch den Wald und riechst auf einmal Bärlauch. Du bleibst stehen, schaust dich um und da, unter den Büschen, zwischen faulem Holz, entdeckst du die weißen Blüten und die saftigen grünen Blätter. Du hast den Duft erkannt und atmest ihn ein. Genieße es: Die Gerüche in der Natur sind flüchtig; wir vergessen, darauf zu achten.

Warum sollten wir den ganzen Spaß den Hunden überlassen? Wenn sie durch ein Feld streunen, die Nase nah am Boden, ist ihre Begeisterung nicht zu übersehen. Spuren, die Füchse oder Katzen hinterlassen haben, muss auf den

Grund gegangen werden. Da draußen sind so viele
Gerüche, die wir Menschen uns kaum vorstellen können.

DEN FLÜCHTIGEN GERUCH EINFANGEN

Achtsamkeit beginnt mit dem Atmen; in dem jetzigen
Moment lösen wir uns von jeglichem Ballast, der uns
beschwert – ängstliche Gedanken von gestern, Sorgen
über die Zukunft –, und lehnen uns zurück, konzentrieren uns auf die Atmung. Beim Einatmen lässt du die
Luft sanft deine Lunge füllen und lässt sie nach einem
kurzen Moment wieder ausströmen. Finde deinen
eigenen Rhythmus, es soll sich dabei nichts zwanghaft
anfühlen. So beginnen wir, achtsamer zu sein.

Mit dem Atemzug kommt auch dieser flüchtige
Geruch. Atmest du zu stark ein, verlierst du ihn; warte,
atme ruhiger und vielleicht kommt er wieder. Das
Geruchssystem ist eines der ältesten Sinnesorgane im
Gehirn, es hat sich bei den Säugetieren entwickelt, um
bei der Nahrungssuche zu helfen sowie beim Erkennen

von giftigen Stoffen. Doch für die meisten von uns ist es ein abgestumpfter Sinn; wir sind nicht auf ihn angewiesen, wir freuen uns lediglich über den Duft von Kaffee am Morgen oder ekeln uns vor den Abgasen der Autos auf viel befahrenen Straßen. Wir lassen den Geruchssinn außer Acht.

Trotz ihrer Flüchtigkeit gibt es Gerüche, die wir mit Erinnerungen verbinden. Der Geruch von Teer bringt uns zurück an das Gartentor, an dem wir, drei Jahre alt, standen, um Männern beim Straßenreparieren zuzuschauen; der Geruch von frischem Heu erinnert uns an glückliche Kindheitssommer. Wir steigen in einen Zug, atmen die Luft ein und plötzlich haben wir das Gefühl, wir sind hier schon einmal gewesen: „Wann war das? Und wo war ich, als ich das letzte mal diesen Geruch in der Nase hatte?" Die Zeitlosigkeit dieser Erfahrung kann seltsam sein, wenn wir in unseren Erinnerungen nach ihrem Ursprung suchen. Dann ist der Geruch plötzlich wieder weg und wir bleiben mit unseren Fragen zurück.

MEHR SCHNUPPERN

Es ist ein wichtiger Aspekt von Achtsamkeit, sich der Gerüche, die einen beim Gehen überkommen, bewusst zu werden. Wir können uns vornehmen, zur Abwechslung verschiedene Gerüche wahrzunehmen, anstatt auf andere Dinge zu achten.

Schlendere durch eine Stadt und ihre Gerüche, sowohl künstliche als auch natürliche, die dir von Fischhändlern, Cafés, Seifen- oder Lederwarengeschäften entgegenströmen. Es kann durchaus überwältigend sein, wenn sich die unterschiedlichsten Gerüche mit den Abgasen der Fahrzeuge und den Parfums von Passanten vermischen. Für feinere Gerüche und Düfte müssen wir aufs Land. Spaziere durch Heideland, um den süßen Duft von Ginster zu erhaschen, oder finde den unverwechselbaren Geruch von Gagelstrauch in einem Sumpfloch.

HERBSTDUFT

Die wahrscheinlich anregendsten Gerüche in der Natur gibt es im Herbst. An diese sollten wir uns besonders gut erinnern. Im Obstgarten begegnen uns die fruchtigen Gerüche von Äpfeln und Birnen, während uns im Wald der Gestank von Giftpilzen, faulenden Holzes oder Humus in die Nase kommt. Das Wort „Humus" hat übrigens denselben indoeuropäischen Ursprung wie die Wörter „human" oder „Humor". Wenn wir gehen und die Gerüche prüfen, sind wir Produkte des reichen Bodens, Teil des biologischen Zyklus'. Verwesung nährt Leben.

Der Zen-Gong der
Erkenntnis

Versuche einmal, nur auf deine Umwelt zu hören, anstatt auf sie zu schauen. Die meisten von uns verlassen sich beim Gehen nur auf ihre Augen und nicht auf ihre Ohren – das „Bild", das wir von unserer Umwelt haben, ist rein visuell. Es lohnt sich aber, ab und zu auf die Geräuschebene zu achten. Auch das hilft uns, den Moment achtsamer zu erleben.

Gehe spazieren und konzentriere dich lediglich auf das Hören. Vielleicht musst du dabei die Augen halb schließen (aber Vorsicht, dass du nicht irgendwo dagegen läufst!). Wahrscheinlich ist es besser, und weniger gefährlich, eine Pause zu machen und dich kurz hinzusetzen, bis du dich an das aktive Zuhören gewöhnt hast.

Die meiste Zeit blocken wir den Lärm der Außenwelt
einfach ab. Wir haben uns daran gewöhnt, die Geräusche
um uns herum auszublenden, weil wir sie als Störfaktoren
empfinden. Lass sie aber nun in dein Bewusstsein und du
wirst erstaunt sein, was es alles zu hören gibt. Lausche
wie ein Kind, das sich eine Muschel ans Ohr hält, um das
Meerrauschen zu hören.

EINFACH ZUHÖREN

Geräusche spielen eine bedeutende Rolle in der buddhistischen Meditation – der tibetische Tempel-Gong gibt
zum Beispiel das Echo der Vergänglichkeit der Dinge
wider – während im Zen der Klang einer Glocke zur
Erkenntnis führen kann, den meditierenden Mönch oder
die meditierende Nonne in das Hier und Jetzt zurück-
holt. Doch solche Momente der „Erleuchtung" sind
selten und nichts, das man als gegeben nehmen sollte.
Beim Hören solltest du prinzipiell nichts erwarten,
sondern einfach nur hören. Die Erwartungen an
Achtsamkeit sind lediglich das Öffnen mentaler Fenster,

um den Verstand zu lüften. Sie sind verwandt mit einer noch älteren Tradition als Zen, dem Taoismus. Diese lehrt uns, dass wir, wenn wir in der Ferne einen krähenden Hahn hören, und nicht auf die Suche nach ihm begeben, sondern einfach an dem Ort zufrieden sein sollen, an dem wir sind.

DIE ACHTSAMKEIT DER BLINDEN

Menschen mit uneingeschränktem Sehvermögen sind natürlich Anfänger in der Kunst des Hörens verglichen mit jenen, die blind sind – diese besitzen nämlich schon die Fähigkeit, ihre Umwelt anhand von Geräuschen zu erforschen. Sie „hören" einen Laternenpfahl, wenn sie sich ihm nähern, indem sie auf das Echo ihrer Schritte achten. Sie können einen Raum und seine Einrichtung untersuchen, indem sie mit den Fingern schnipsen und genau hinhören, wenn der Laut von den weichen Möbeln oder den leeren Wänden abprallt. Selbstbewusst können sie Straßenkreuzungen überqueren, indem sie auf den lauten Verkehr achten. Diese

Fähigkeiten weisen uns darauf hin, dass es noch viel zu entdecken gibt.

Wenn wir über ein Feld gehen, gibt es oft einiges zu hören. Hier denke ich an einen Kollegen zurück, der mir erzählte, dass er erst durch Wanderausflüge mit seinem blinden Cousin gelernt hat, der Natur gegenüber aufmerksamer zu sein. Einmal blieb sein Cousin zum Beispiel abrupt stehen, zeigte nach oben und sagte: „John, die Bussarde kreischen!" Und tatsächlich kreisten über ihnen zwei Bussarde. „Es wäre mir nie aufgefallen", meinte John.

HÖREN ALS LUXUS

Wir gönnen uns nur selten den Luxus, dem Wind in den Baumkronen zu lauschen. Wenn der Wind weht, klingt jeder Baum anders. Auch hierin unterscheidet sich ein Strauch von einer Eiche, von einer Tanne oder einer Espe. An stürmischen Tagen kann man dem Wind regelrecht zuhören, wie er im Wald oder durch ein Tal weht, man kann den Bäumen zusehen, wie sie sich biegen und auf den nächsten Windstoß warten. Dasselbe gilt auch für einen Zug, der durch einen Krautacker fährt – das ferne Rascheln wird beim Näherkommen des Zuges zu einem lauten Getöse. Durch Zuhören kannst du dem Zug dabei folgen, wie er sich wieder entfernt.

Manche Geräusche vergessen wir einfach nicht: Der Ruf eines Brachvogels im Moorland oder einem Mündungsgebiet kann dich erheben und ganz bestimmte Erinnerungen hervorrufen. Der Gesang einer Drossel vermag es vielleicht, dich von Angst und Beklemmung zu lösen, die dich schon seit Wochen begleiten, mit all der Kraft der Erleuchtung eines Zen-Gongs, deinen Geist erhebend und neues Leben verkündend.

Der
Waldweg

Bäume wuchsen schon auf dem Planeten und atmeten Sauerstoff aus, lange bevor es Menschen gab, um sie dabei zu beobachten. Bäume sahen schon Dinosaurier kommen und gehen, sie waren Zeugen der ersten Blütenpflanzen und lieferten die ersten Kohlevorräte für die Industrielle Revolution. Einzelne Bäume werden mehrere hundert Jahre alt. Gehst du durch den Wald, teilst du die Luft und das Licht mit den ältesten Lebewesen der Erde.

Es gibt bereits einige Beweise dafür, dass Waldspaziergänge gut für die menschliche Gesundheit sind. Forschungen aus Japan belegen, dass es das Immunsystem unheimlich stärkt, wenn man zwei bis drei Tage im Wald

verbringt, was in Japan *Shinrin-yoku* oder „Wald baden"
genannt wird. Die Theorie hinter dieser Behauptung ist,
dass wir im Wald luftgestützten Chemikalien ausgesetzt
sind, die Pflanzen freigeben, um sich vor Insekten zu
schützen und dem Verrotten vorzubeugen. Was auch
immer an dieser Behauptung dran ist, ich kann für mich
sprechen und bestätigen, dass ich mich nach einem
Waldspaziergang immer erfrischt und wohl fühle.
Vielleicht steckt ein bisschen Wahrheit in den Worten
eines indischen Mystikers: „Bleibe ruhig – jeder Baum ist
ein stummes Gebet."

EINE DREIDIMENSIONALE ERFAHRUNG

Die Freude, die ein Waldspaziergang bereiten kann,
kommt auch daher, dass man stets um sich schauen
muss – nicht aus Angst, sondern weil es eine dreidimen-
sionale Erfahrung ist. Die Baumkrone über deinem Kopf
ist genauso interessant wie der Boden unter deinen
Füßen, das Unterholz und die Farnpflanzen genauso
spannend wie die Baumstämme. Der Spaziergänger kann

nicht anders, als durch das Gebüsch, die Äste und die Baumstämme zu schauen und das Halbdunkel zu erforschen.

In einem Wald gehen wir instinktiv langsamer, als ob wir heiligen Boden betreten hätten. Im Wald können wir so viel aufnehmen, unsere Sinne sind hellwach – der Geruch von Lehm und faulenden Blättern, der Ruf eines Vogels, das Knacksen von gebrochenen Ästen, wenn ein erschrockenes Tier im dichten Unterholz verschwindet.

Finde einen Platz, um kurz anzuhalten und es dir gemütlich zu machen. Spüre die Oberfläche eines Baumstammes, sanft bei einer Buche oder rau bei einem Rotholz. Atme tief ein und rieche den Humus auf dem Waldboden. Wenn möglich, setze dich hin, vielleicht gibt es sogar eine Bank. Das wäre ein guter Ort für Achtsamkeits-Atemübungen (siehe Seiten 28–33).

Lasse dir Zeit. Sage dich von beunruhigenden Gedanken los. Konzentriere dich auf die Luft, die du einatmest, öffne deine Lunge und atme aus, ohne dich anzustrengen. Werde deiner Selbst bewusst als atmender Körper umgeben von Bäumen.

SIEHE ZU UND LERNE

Im Wald herrscht eine Stille, die durch den Wind in den Baumkronen, die sich biegenden Äste und das Gezwitscher von Vögeln erweitert wird. Sobald du dich ausgeglichen fühlst, schaue um dich, unterscheide zwischen den Bäumen – ihre Namen zu lernen, heißt, sie wahrzunehmen: die Eiche, die Esche, die Kiefer, die Pappel. Natürlich hängt das davon ab, wo du gerade bist. Je öfter du im Wald spazieren gehst, desto größer wird die Vielfalt an Bäumen, die du sehen wirst. Eines Tages wirst du dann vielleicht die Freude verspüren, in einen Wald einzutreten, wo dir alles neu erscheint, womöglich in einem fremden Land, wo die Bäume ganz anders aussehen als zuhause.

Erst wenn du stehen bleibst und genau hinsiehst, bemerkst du die unterschiedlichen Farben. Wir unterliegen der generellen Annahme, dass Baumstämme grau oder braun sind. Wenn du dich ihnen genauer widmest, erkennst du erst die vielfältige Farbpalette: das Rostbraun der Kiefer, das Blau der Esche, das Weiß der Birke, das bräunliche Violett des toten Holzes. Durch die Flechten kommen noch orange und gelb hinzu. Die Muster und Farben auf Eukalyptusstämmen können genauso abstrakt sein wie moderne Kunstwerke. Ein Lichtstrahl auf dem saftigen Moos eines Baumstammes kann einen zum Staunen bringen.

Die Art
der Pilger

Brauchen wir ein Ziel, wenn wir gehen? Einerseits muss die Antwort Nein sein. Wenn wir achtsam gehen, dann ist dies Selbstzweck, wir lösen uns von unseren Sorgen – der stetige Rhythmus des Gehens entspannt unsere Atmung und wir leben endlich im Augenblick. Und doch kann es hilfreich sein, ein genaues Ziel zu haben. Eine Pilgerreise kann einem solch ein Ziel bieten. Traditionsgemäß wird eine Wallfahrt mit Anbetung, Heilung und Hoffnung verknüpft. Muslime, die nach Mekka pilgern, flüstern: „Herr, hier komme ich." Christen, die sich auf den Jakobsweg begeben, richten ihre Fürbittgebete an den heiligen Jakobus. Hindus, die den Ganges entlang pilgern, sehen ihre Reise als Anbetung Gottes. Durch das

Gehen wird der ganze Körper in das Gebet miteinbezogen.

Doch nicht jede Pilgerreise setzt einen Glauben an Gott voraus. Viele, die sich im achtsamen Gehen üben, sind in keiner Weise religiös. Es wurde bereits argumentiert, dass Buddha, der selbst Achtsamkeit lehrte, Atheist war. Er bot einen spirituellen Weg zum Verständnis der Natur und verzichtete dabei auf jegliche Gottesverweise.

GESTALTE DEINE EIGENE PILGERFAHRT

Du könntest zum Beispiel zu einem Ausblick pilgern, der dir besonders gut gefällt, oder, so wie der Schriftsteller Henry David Thoreau, zu einem Lieblingsbaum. In *Walden oder Leben in den Wäldern* schreibt Thoreau über seinen sechzehn Kilometer langen Wintermarsch durch den Schnee, um eine Buche wiederzufinden. Ich für meinen Teil gehe am liebsten einen bestimmten Weg bergauf, der zu einem Tor führt, von wo aus man einen Ausblick auf das Meer hat. Dort stehe ich dann gerne, hole kurz Luft und genieße es einfach, da zu sein. Der

Baum, das Tor, die Aussicht – sie alle bereiten Freude und ein bestimmtes Ziel. Sie sind alle auf ihre Art eine Pilgerreise.

Lasst uns keine zu starken Grenzen ziehen zwischen Religiösem und Nicht-Religiösem. Wir sind vordergründig Menschen, Erben vielseitiger Religionen, die alle ihr eigenes Verständnis davon haben, wie man am besten sein Leben führt. Jede und jeder, unabhängig von Glaube und Religion, kann von einer Pilgerfahrt etwas für sich mitnehmen. Wenn wir gehen, finden wir Gefallen an einer spirituellen Tätigkeit, die von allen großen Religionen auf der Welt gehegt wird.

DER PILGERWEG

Momentan kann man ein neuaufkommendes Interesse für Pilgerreisen beobachten, da diese sowohl eine körperliche Herausforderung,als auch ein spirituelles Erlebnis sind. Diese Wanderungen führen nicht nur zu den traditionellen Pilgerzentren – einige wurden neu geschaffen und folgen kleinen Pfaden zu einheimischen

Kirchen. Ihr Zweck ist es, die Menschen zu mehr Achtsamkeit beim Gehen zu animieren. Wir können uns auch einen ganz eigenen Pilgerweg schaffen, vielleicht einen kreisförmigen, in der Nähe unseres Zuhauses.

Der Fokus der mittelalterlichen Pilger, die nach Canterbury reisten, lag auf dem Grabstein des Märtyrers Thomas Becket, ermordet in der Kathedrale im Jahr 1170. Der Höhepunkt der Reise war somit das Berühren oder Küssen des Grabsteins, um etwas Heiligem nah zu sein. Heutzutage haben wir einen breiteren Blick darauf, was heilig ist, der zwar nicht die Heiligkeit von religiösen Wallfahrtszielen abspricht, aber die Aufmerksamkeit mehr auf die Natur lenkt. Die Natur selbst ist heilig.

DIE HEILIGKEIT DER WILDNIS

Wir sind uns des spirituellen Werts der Natur bewusst geworden, der Heiligkeit der Wildnis, der Orte, die wir ihretwillen schützen müssen. Egal durch welche Landschaft wir gehen, wir bemerken die Körperlichkeit der Dinge, die zugleich immer auch eine spirituelle

Dimension haben. So wie ein Pilger den Grabstein eines Heiligen mit Ehrfurcht berührt, berühren wir die Welt, durch die wir gehen, und schätzen ihre Anwesenheit und ihre Festigkeit. Wenn wir über eine Steinmauer klettern, legen wir unsere Hände auf den Stein und fühlen erst einmal seine Beschaffenheit, bevor wir uns zum Klettern daran festhalten. Wir bewundern einen Baum, streichen über die Baumrinde, als Anerkennung eines anderen Lebewesens. Wir fahren mit der Hand über nasses Moos und spüren darin den Regen von heute Morgen. Achtsamkeit durch Berührung.

Der Langstrecken-
Weg

Hast du je darüber nachgedacht, eine richtig lange
Strecke zu bewältigen – eine Wanderung, die zum
Zentrum deines Lebens wird und dich jenseits des
Horizonts führt? Viele von uns haben wahrscheinlich
schon einmal davon geträumt, dass sie eines Tages mit
nichts als einem kleinen Rucksack und bequemen
Schuhen aufbrechen, um das Abenteuer in der Weite zu
suchen. Alltägliche Spaziergänge, so wie jene, die Charles
Darwin in seinem riesigen Garten unternahm, oder jene,
die uns durch einen Park oder Wald führen, sind kleine
Reisen, von denen wir abends wieder nach Hause
zurückkehren können. Diese gewohnten Strecken sind
immer eine gute Gelegenheit, um uns in Achtsamkeit zu

üben und unsere körperliche und geistige Gesundheit zu verbessern.

Doch Langstreckenwege sind etwas anderes. An solchen Wandererlebnissen können wir indirekt teilhaben indem wir die Berichte von jenen lesen, die solche Strecken zurückgelegt haben, während wir unsere eigenen Pläne für die Zukunft schmieden. Robyn Davidson schreibt in ihrem Buch *Spuren: Eine Reise durch Australien* über ihren Weg durch Australien, über 3200 Kilometer mit einem Hund und drei Kamelen, von Alice Springs, quer durch die Gibson-Wüste bis zum Indischen Ozean. Durch ihre ständig wechselnden Gefühlslagen zwischen Heiterkeit, Zuversicht und Einsamkeit entdeckte sie auf ihrer Reise nicht nur die trockene Wüstenlandschaft, sondern auch ihr inneres Selbst. Ein weiterer persönlicher Favorit ist *Zwischen Wäldern und Wasser: Zu Fuß nach Konstantinopel* von Patrick Leigh Fermor, in welchem der Autor von seiner unglaublichen, in den 1930er Jahren zu Fuß zurückgelegten Wanderung von London bis nach Konstantinopel berichtet; seine

Beschreibung der Großen Ungarischen Tiefebene lässt mich bis heute nicht mehr los.

VON HORIZONT ZU HORIZONT

Das letzte Buch, das mich stark beeindruckt hat, ist die lebhafte Erzählung von einer Reise im Jahre 1868, quer durch die Vereinigten Saaten von Amerika: *Afoot and Alone* von Stephen Powers. Der Autor bekundet darin seine Liebe für das Leben in der Wildnis.

Es geht sehr leicht, in der Einöde des Alltags so etwas wie ein Schlafwandler zu werden, der die eigene Routine nicht mehr hinterfragt. Hingegen wäre das bestimmt schwer auf einer langen Strecke, die von Horizont zu Horizont führt und einem Tag für Tag neue Welten aufzeigt. Man sieht die Unterschiede in der Tierwelt, wenn man von einem natürlichen Lebensraum zu einem anderen kommt, sowie Unterschiede in den Menschen, wenn man zwischen Städten und ländlichen Gegenden hin und her wechselt und auf die Anzeichen von ortsgebundenen historischen Ereignissen achtet. Es finden auch innere Veränderungen im Wanderer statt, wie Robyn Davidson auf ihrer Reise durch Australien bemerkte. Sie berichtet, dass es ihr unterwegs möglich war, endlich mit belastenden Episoden aus ihrer Vergangenheit abzuschließen.

EIN MÜDER FUSSSOLDAT

Stephen Powers marschierte zu Fuß quer durch die Vereinigten Staaten, als das Land gerade erst durch den Bürgerkrieg verwüstet worden war und sich die Nord- und Südstaaten immer noch verbittert gegenüberstanden. Die Sprache, die Powers verwendet, um Menschen zu beschreiben, ob Landbesitzer oder befreite Sklaven, Mexikaner oder amerikanische Ureinwohner, spiegelt die Vorurteile seiner Zeit wider und kann auf den Leser vielleicht abschreckend wirken (das Buch ist dadurch trotzdem nicht weniger lesenswert). Die damalige Gesellschaft hatte gerade erst begonnen, sich gegenüber Sklaverei neu zu positionieren. Powers ist Zeuge großer Armut und kommt zu der Erkenntnis, dass ein Mann mit großem Landbesitz seine Angestellten besser behandelt als einer, der nur über ein kleines Grundstück verfügt. Er betritt die Villen der südstaatlichen Landbesitzer und muss perplex feststellen, dass diese keine Teppiche haben; später erfährt er, dass aufgrund der zahlreichen gefallenen Soldaten nur wenig Zeit für die Begräbnisse blieb, was dazu führte, dass Teppiche die Särge ersetzen mussten. Bürgerkriege sind herzzerreißend.

Darum geht es bei Achtsamkeit: sich selbst und der Umwelt bewusster zu werden, die Gesellschaft, in der wir leben, sowie die Geschichte zu hinterfragen, herauszufinden, wer wir sind.

Powers zieht Richtung Westen, er geht mit der Sonne durch Kiefernwälder und über Bergpässe, durch weite Ebenen und glühend heiße Wüsten; dabei beobachtet er die Tierwelt sehr genau. Als er die Westküste erreicht, ist er fasziniert von Kolibris und Spechten. Als er schließlich seine Hand ins Meer hält, sagt er: „Vom Meer des Sonnenaufgangs zum Meer des Sonnenuntergangs, durch einen müden Fußsoldaten, Grüße."

Gehen unter
Mond & Sternen

Eine gute Zeit für einen langen Spaziergang ist der Abend, wenn wir die ländliche oder auch die städtische Umgebung mit der untergehenden Sonne und der sich anbahnenden Dämmerung teilen. Wir beobachten, wie sich die Farbe des Himmels verändert, bis nach und nach die Sterne aufscheinen. Vielleicht ist auch der Mond zu sehen.

Der Blick in den Himmel erinnert uns an die Bedeutungslosigkeit unseres kurzen Lebens auf der Erde, er führt uns vor Augen, wie klein wir eigentlich sind angesichts des gewaltigen Universums. Andererseits versetzt er uns auch einfach nur in Staunen. Es hängt davon ab, wie wir gerade darüber denken.

Franz von Assisi bietet im 13. Jahrhundert in seinem berühmten „Sonnengesang" ein tröstliches Bild des Himmels. In seinem Lobgesang preist er Gott oder Bruder Sonne und Bruder Wind, Schwester Wasser und Mutter Erde. Er schreibt: „Lob sei dir mein Herr durch Schwester Mond; und die Sterne; Am Himmel formtest du sie; glänzend kostbar und schön." Es ist wenig überraschend, dass er im Jahr 1979 von der römisch-katholischen Kirche zum Schutzpatron der Ökologie erklärt wurde. Doch können wir uns mit dem Kosmos trösten?

UNSER PLATZ AUF DEM PLANETEN

Die Sonne allein lässt uns schon winzig klein fühlen. Eine Million Mal so groß wie die Erde konvertiert die Sonne vier Millionen Tonnen ihrer eigenen Masse zu Licht und Hitze, und das schon seit über vier Milliarden Jahren. Sie ist der Stern, den wir bei Weitem am besten kennen. Wenn sie untergeht, wird ihr Licht nicht nur rot, sondern auch durch die Atmosphäre gedämpft. Wir besinnen uns auf all das, was wir diesem riesigen Feuerball zu verdanken haben. Die Sonne ist die treibende Kraft der Evolution des Lebens auf unserem Planeten. Sobald sie hinter dem westlichen Horizont verschwunden ist, schauen wir Richtung Osten und sehen dann den lila Schatten unserer Welt, wie er in die Stratosphäre hineinragt, ein kleiner Auftakt zur Dunkelheit und den Sternen.

In der Dämmerung zu gehen, vom Tageslicht hinein in die Dunkelheit, ist eine gute Zeit, um über unseren Platz auf dem Planeten nachzudenken. Einen Moment lang stellen wir uns vor, was wohl Astronauten auf dem Mond sehen, wenn sie auf uns schauen – auf uns Bewohner einer blau-weißen Kugel, einer kleinen Welt weit weg von der Sonne, in der Leere hängend.

WAS WIR DEN STERNEN ZU VERDANKEN HABEN

Die Sterne leuchten. Wenn man in der nördlichen

Hemisphäre lebt und an einem Sommerabend spazieren geht, kann man das Sommerdreieck der hellsten Sterne erkennen: Deneb im Sternbild Schwan, Wega in der Konstellation Lyra (Leier) und Atair im Adler. Sollte der Himmel besonders klar sein, haben wir eine tolle Sicht auf die Milchstraße, die sich bis zum südlichen Horizont erstreckt – ein Dunst aus Millionen von Sternen, jeder einzelne Stern eine Sonne, darunter einige sogar größer als unsere eigene Sonne. Versuchen wir, uns die Distanzen zwischen den Sternen auszudenken, gelangen wir an die Grenzen unserer Vorstellungskraft.

Doch wichtig für uns ist, was Sterne tun. Sie scheinen zwar unglaublich weit weg zu sein, aber in Wahrheit sind sie uns sehr vertraut. In den frühen Anfängen des Universums gab es noch keine der Atome, die für die Evolution von Leben notwendig sind – Kohlenstoff, Stickstoff, Sauerstoff, Kalzium, Natrium, Kalium, Eisen und so weiter. Das Universum bestand damals hauptsächlich aus Wasserstoff und Helium. Die komplexeren Atome, die für die Entstehung von Pflanzen und Menschen nötig sind, mussten erst mit den Wasserstoff- und Heliumatomen geformt werden – und der einzige Ort, an dem solche eine Alchemie stattfinden kann, ist das Innere von gewaltigen Sternen. Erst als solche Sterne explodierten, wurden all die Atome im Universum verstreut, die für die Entstehung von Leben verantwortlich sind. Nach Milliarden von Jahren entstand das Sonnensystem, die Sonne mit ihren Planeten, darunter die Erde. Die Evolution konnte beginnen. Unsere Geburt war durchaus ein langwieriger Prozess.

Wenn wir durch die Dunkelheit einen vertrauten Weg gehen, sodass wir auf Taschenlampen verzichten können, achten wir auf die Bäume und die Umrisse der Äste, wo die Sterne hindurch funkeln, eine Eule heult in der Ferne, der Geruch von frischgemähtem Heu liegt in der Luft, achtsam atmen wir ein und aus, die Nacht auskostend. All das verdanken wir den Sternen. Ohne sie wären wir gar nicht hier.

Die
Schöpfungskraft
des Gehens

Es liegt auf der Hand, welchen Nutzen wir aus dem
Gehen ziehen: Der Körper kommt in Bewegung, die
Beine werden trainiert und gestärkt, genauso wie das
Herz, die Atmung wird tiefer, die frische Luft tut unserer
Lunge gut. Gehen hilft uns dabei, achtsamer zu
sein und in diesem Augenblick Frieden
zu finden. Ein weiterer Vorteil des
Gehens kommt hingegen nur selten zur
Sprache – es fördert unsere Kreativität.
   Der kreative, schöpferische Aspekt des
Gehens wird in der Mythologie der

Aborigines hoch gepriesen. Die allerersten Migranten Australiens gingen vor fünfzigtausend Jahren weit ins Landesinnere hinein, von Felsvorsprung zu Wasserloch, von Salzpfanne zu ausgetrocknetem Flussbett, durch die glühend rote Landschaft, gesprenkelt mit weißen Spinifex-Büschen, ihren Weg durch Akazien, Dornbüsche und Wüstenkasuarinen suchend. Schlangen versteckten sich im Sand, Scharen von Wellensittichen versammelten sich um die Wasserstellen. Die Aborigines dokumentierten ihre Reisen in Form von Gesang, als eine Art Landkarten-Ersatz, sodass andere ihren Wegen folgen konnten. Diese wurden zu den Traumpfaden – unsichtbare Wege, die auf Vorfahren zurückgehen und sich über ganz Australien erstrecken. Die Mythologie der Aborigines besagt, dass all das in der sogenannten Traumzeit stattgefunden hat, als die Vorfahren ihr Land durch das Singen erschufen. Laut dieser mythologischen Denkart sind der Sänger, das Lied und der Pfad eins – die ersten Menschen schufen das Land, indem sie es zum ersten Mal sahen und es in alle Himmelsrichtungen erkundeten.

EIN PHILOSOPHISCHES RÄTSEL

Tauche ein in einen Mythos, der die Zeit überdauert hat, und finde die Wahrheit in Form einer Geschichte oder eines Bildes. Die Traumpfade der Traumzeit besagen, man solle eine kreative Beziehung zum Land haben, auf dem man lebt und durch das wir gehen. In gewisser Weise erschaffen wir, was wir sehen, indem wir uns umsehen und umhören. Wir sind als Beobachter niemals losgelöst von dem, was wir beobachten. Ein alter philosophischer Grundsatz stellt folgende Frage: „Wenn ein Baum umfällt, ohne, dass jemand in der Nähe wäre, um es zu hören, fällt der Baum dann geräuschlos zu Boden?" Ein fallender Baum, der auf den Boden trifft, erzeugt Druckwellen in der Luft, die von unseren Ohren aufgegriffen und von unserem Gehirn als Geräusch abgespeichert werden. Die Druckwellen selbst, ohne Interpretation eines Beobachters, sind noch kein Laut. Wir erzeugen das Konzept von Klang erst durch unsere Beziehung mit der Umwelt, indem wir auf sie hören.

Dasselbe gilt auch für Licht und Farben. Blumen oder Sonnenuntergänge haben keine Farbe, bevor wir uns nicht auf die Wellenlängen des elektromagnetischen Spektrums, die unser Auge treffen, einstellen. Farbe ist die Art und Weise, wie wir Dinge sehen. Ohne uns ist das Konzept von Farbe bedeutungslos. Wir bringen nicht nur eine bestimmte Sichtweise mit uns, sondern auch die Art, wie wir äußere Einflüsse mit Augen und Ohren wahrnehmen. Sehen und hören allein sind schöpferische Tätigkeiten. Aber wie ist die Welt, wenn wir nicht auf sie schauen? So mancher Philosoph hat sich darüber schon den Kopf zerbrochen.

BLOCKADEN LÖSEN

Von einer alltäglicheren Perspektive aus gesehen, befreit Gehen den Kopf, sodass wir offener für neue Ideen sind. Viele Schriftsteller bezeugen das, wenn sie eine Schreibblockade mit einem Spaziergang lösen. Der Schlüssel ist, das Problem loszulassen. Das erfordert Achtsamkeit, genauso wie das Frieden finden im Hier und Jetzt. Dabei hilft wie immer das Konzentrieren auf Atmen und Gehen. Es fühlt sich an wie das Entspannen eines Muskels. Wenn es um eine Blockade im Gehirn geht, müssen wir unserem Unterbewusstsein ein bisschen mehr Freiheit geben und dem Verstand erlauben, loszulassen. Oft erscheint die Lösung für unser Problem gerade dann, wenn wir uns nicht mehr damit beschäftigen. Der Knoten ist gelöst. Das Gehen bringt alles in Bewegung und hilft unserer Kreativität.

Beim achtsamen Gehen verändern wir uns stets ein bisschen selbst – zum Beispiel, wenn wir beschließen, anderen gegenüber mehr Mitgefühl zu zeigen, uns somit von destruktiven Gewohnheiten, Gedanken und Vorurteilen emanzipieren und uns von Ängsten verabschieden, an denen wir schon viel zu lange festgehalten haben. Gehen ist Erholung.

Wegerechte

Wir alle brauchen die Wildnis. Ein Spaziergang durch
die Natur ist gut für den menschlichen Geist, eine
Freude, eine Art Therapie. Schon unzählige Dichter
haben unsere Sehnsucht nach offenem Raum bestätigt.
Der neuenglische Transzendentalist Henry David
Thoreau schrieb in seinem Buch *Walden oder Leben in den
Wäldern*: „Wir brauchen das Elixier der Wildnis." Der
viktorianische Dichter Gerard Manley Hopkins drückte
seine Liebe zur Natur im letzten Vers seines Gedichts
„Inversnaid" aus:

> *Was wäre die Welt, einmal beraubt*
> *der Wildheit und Feuchte? Sie seien erlaubt,*
> *Oh, sie seien erlaubt, Feuchte und Wildheit.*
> *Es lebe der Wald und die Wildnis noch weit!*

Heutzutage gibt es nicht mehr so viel unberührte Natur, an der wir uns erfreuen können. Die Weltbevölkerung hat sich seit Hopkins' Niederschrift aus dem Jahr 1881 vervierfacht. Menschen laufen Gefahr, den Planeten zu überfluten, die Natur, die wir und alle anderen Lebewesen dringend benötigen, zu zerstören. Unser Erfolg wird vielleicht am Ende noch zu unserem Verderben.

DURCH DIE WILDNIS GEHEN

Das meiste Gehen findet auf altbekannten Pfaden statt, auf Gehsteigen und Straßen. Herausfordernd hingegen ist es, Schauplätze für Spaziergänge zu finden, wo die Natur sich noch durchsetzt. Es lohnt sich, sie aufzuspüren, weil wir uns dann erst richtig mit dem Boden in Verbindung fühlen, eins mit dem Planeten.

Das Problem, das die schnell wachsende Bevölkerung mit sich bringt, ist, dass immer mehr Land in privaten oder Firmenbesitz übergeht. Unsere Vorfahren haben dank viel Energie, Wachsamkeit und Weitsicht unsere

Natur beschützt. Es ist nicht schön, bei einem Spaziergang auf einen Zaun zu stoßen, der ein Schild mit der Aufschrift „Widerrechtliches Betreten wird strafrechtlich verfolgt" aufweist. Die bedauernswerte Veranlagung im Menschen, die vollständige Kontrolle über den Boden zu haben, benötigt wiederum Kontrolle durch die Gesamtgesellschaft.

Die Welt ist gesegnet mit Nationalparks, unberührten Berglandschaften und Wäldern, in denen es möglich ist, durch die Wildnis zu gehen – die Freiheit, dies zu tun, ist im Gesetz verankert. Wir sind es den Tausenden Naturliebhabern schuldig, die Existenz dieser offenen Räume zu schützen.

UNBEFUGTES BETRETEN DER MASSEN

Die US-amerikanische Autorin Rebecca Solnit erzählt in ihrem Buch *Wanderlust: Eine Geschichte des Gehens* von ihrer Begeisterung über die lange Tradition unbefugten Betretens im Vereinigten Königreich. Oftmals wurden öffentliche Zugänge beschränkt, Wege von skrupellosen

Landbesitzern abgezäunt und Spaziergänger durch bedrohliche Jäger entmutigt. Anstatt sich zu fügen, hatten viele Leute den Mut, sich dem entgegenzusetzen. Es sind die Ereignisse im Derbyshire Peak District der 1930er Jahre, die Solnit am meisten beeindruckt haben.

Der Peak District ist ein Nationalpark im Norden Englands, der sich über das Moorgebiet zwischen den Ballungsräumen Sheffield und Manchester erstreckt. Die Arbeiter aus den Industriestädten wollten am Wochenende die Möglichkeit haben, raus in die Natur und an die frische Luft zu gelangen, alten Wegerechten zu folgen, wie zum Beispiel einer Straße, die noch aus Römerzeiten stammt. Kinder Scout, der höchste Berg des Nationalparks, war ein sehr beliebtes Ausflugsziel. Jedoch war es der Bevölkerung verboten, den Nationalpark zu betreten. Erst als sich Wandervereine dem widersetzten und keine Angst vor strafrechtlicher Verfolgung zeigten, wurde dieses Verbot wieder aufgehoben.

Nicht bei allen Kampagnen zum Schutz alter oder zur Erschaffung neuer Wegerechte wird zwangsläufig gegen das Gesetz verstoßen. Meist reicht die Hartnäckigkeit ein paar engagierter Leute, die das Menschenrecht auf Zugang zur freien Natur verteidigen. Viele der beliebten Langstrecken-Wanderwege in den verschiedensten Ländern der Welt – solche die zum Beispiel einem Fluss von seiner Quelle bis zu seiner Mündung im Meer folgen, oder an Küsten entlang – haben wir mühsamer Planung und Verhandlungen mit Landbesitzern zu verdanken. Dass diese Wege der Öffentlichkeit zugänglich bleiben, bietet auch uns die Möglichkeit, einem Wanderverein beizutreten.

chen oder verletzen. Es ist eine anspruchsvolle Aufgabe, die so sehr an christliche Fürbitte erinnert, dass man die Bezeichnungen „buddhistisch" und „christlich" auch gleich weglassen kann.

MITGEFÜHL MIT FLÜCHTLINGEN

Es kann einem vielleicht schwierig vorkommen, Güte und Mitgefühl gegenüber Menschen zu zeigen, die man nicht kennt. Durch das Gehen schaffen wir es eher, uns mit manchen von ihnen zu identifizieren – zum Beispiel mit Flüchtlingen. Wir brechen auf mit dem Vorsatz, diesen bestimmten Spaziergang den Flüchtlingen dieser Welt zu widmen, die mühselig von Land zu Land, von Kontinent zu Kontinent, von Armut zu Armut wandern. Die schuftenden Familien, jedes Kind mit der einen Hand die eines Erwachsenen festhaltend, in der anderen eine Stoffpuppe oder ein Spielzeug; die älteren Verwandten gebückt unter einer schweren Last. Wir behalten sie im Bewusstsein für die Dauer des Spaziergangs. Gehen wir zu einem körperlichen Gebet oder zu einer Art Meditation.

Auch wenn wir uns nicht über die Politik im Klaren sind, die die Menschen dazu bewegt, ihr Land zu verlassen, ob aus wirtschaftlichen Gründen oder aus Angst – es geht um Menschen, die vor Leid fliehen und unser Mitgefühl brauchen.

IM KOPF UND IM HERZEN

Mit John Steinbecks *Früchte des Zorns* haben viele erst ein Bewusstsein dafür bekommen, welche Schicksale manche Menschen auf dieser Welt erleiden müssen. In dieser Erzählung über menschliches Leid geht es um arme Pacht-bauern aus Oklahoma, die während der Weltwirtschafts-krise der 1930er Jahre vor Dürre geflohen sind. Sie waren durch kaltherzige Landbesitzer, Banken oder große Unternehmen, die Land aufkauften, enteignet worden, und folgten der Route des Highway 66, von Mississippi nach Bakersfield in Kalifornien. Die Straße in den Westen war gesäumt von Autowracks, die zurückgelassen wurden, ihre Besitzer angetrieben durch falsche Versprechen über Kalifornien, ein gelobtes Land mit genug Arbeit für alle.

Amerikas Migration in Richtung Westen ist nun Teil der Geschichte. Heute gehen wir immer noch auf denselben Straßen, unter derselben Sonne wie Millionen andere Menschen zuvor, die auf der Suche nach einem besseren Leben waren. Sie behalten wir im Kopf und im Herzen.

Ist diese Art von Meditation im Gehen effektiv – bewirkt sie etwas? Drücken solche Gedanken nicht eher die Selbstgefälligkeit jener aus, die eine bemitleidende Pose einnehmen? Ich halte nichts von solchen Zweifeln. Erstens ist es ein Grundelement unserer spirituellen Gesundheit, dass wir lernen, gütig zu sein, egal zu wem. Und wer weiß, was solch ein hingebungsvoller Spaziergang noch alles für Konsequenzen haben kann? Vielleicht sind wir danach motiviert, einer Wohltätigkeitsorganisation, die Flüchtlingen hilft, Geld zu spenden. Vielleicht werden wir politisch aktiv. Vielleicht fühlen wir uns das nächste Mal freier, bei rassistischem Verhalten einzuschreiten, wo wir früher noch weggeschaut hätten. Die Folgen von Meditation können auf vielen Ebenen unerwartet sein.

Du musst nicht den Gipfel erobern

Für gewöhnlich sprechen wir davon, einen Berg zu bezwingen, als ob es darum ginge, einen Feind unter Kontrolle zu halten. Viele Bergsteiger verwenden diese Redewendung. Sie sehen Felswände und Abgründe, Gipfel und Bergspitzen als körperliche Herausforderungen, die es zu bewältigen gilt – was natürlich völlig in Ordnung ist. Solch eine Herangehensweise bringt manchmal das Beste in den Menschen hervor, sie kann ein Ansporn sein, sich neue Fähigkeiten anzueignen, im Team zu arbeiten, sich seinen Ängsten zu stellen oder auf die Anforderungen des Moments zu fokussieren. Auch

wenn es gefährlich sein kann, führt es zu besserer
Selbstkenntnis und einem Bewusstsein über die eigenen
Stärken und Schwächen – und ist somit eine Form von
Achtsamkeit.

Die Idee, einen Gipfel zu erobern, erscheint mir trotz
allem absurd – einen Berg, der über Millionen von
Jahren hinweg geformt wurde durch Wind und Regen,
Stürme und Gletscher. Man kann vielleicht seine
eigenen Schwächen und Ängste erobern – aber einen
Berg? Ich stelle mir einen Cartoon vor, in dem zwei
winzige Bergsteiger, so klein wie Ameisen, auf einem
Gipfel eine ebenso winzige Fahne hissen; der Berg
lächelt nur, so als ob er sagen würde: „Oh! Na gut, ich
gebe auf."

DER BERG IN DIESEM AUGENBLICK

Dass wir von Eroberung sprechen, kommt nicht von
ungefähr. Es geht auf das uralte Überlegenheitsgefühl der
Menschen zurück, das uns glauben lässt, die Natur
beherrschen und die Welt kontrollieren zu müssen, das

uns glauben lässt, die Natur habe ausschließlich unseren Zwecken dienlich zu sein. Diese Denkart gilt es zu hinterfragen. Das wird umso klarer, je achtsamer wir werden.

Bestimmt ist es manchmal erstrebenswert, „den Gipfel zu erklimmen". Nach einer solchen Errungenschaft wird man mit einem umwerfenden Ausblick belohnt. Sollte es vorkommen, dass wir auf halbem Weg zum Gipfel Anstalten machen, umzukehren, würde sich alles in uns dagegen sträuben. Auf achtsamen Wegen können wir getrost auf den Gipfel verzichten. Schließlich ist hier unsere Absicht, mehr Bewusstsein zu erlangen, im Augenblick zu leben, das Atmen bewusst zu genießen. Jeder Schritt, den wir hier und jetzt gehen, ist wichtig, und nicht irgendein Gefühl in der Zukunft, wenn der Gipfel erreicht ist.

Um ein achtsames Bewusstsein zu erlangen, müssen wir auf den Ehrgeiz, den Gipfel zu erreichen, verzichten. Es ist nicht immer leicht, davon loszulassen. Wir müssen uns dieses Gipfelstreben ausreden, bis wir seelenruhig auf einem Fels sitzen können und dabei nichts anderes tun, als die Aussicht zu genießen.

DAMIT KANN MAN SCHON SEHR ZUFRIEDEN SEIN

Diese Lektion habe ich auf einem Gipfel im Norden Schottlands gelernt. Der Suilven ist ein Berg aus Torridonsandstein, geformt durch Vergletscherung, er ist eine Milliarde Jahre alt und gleicht einer gigantischen Kathedrale. Im Moorland rundherum kann man die Sterntaucher beim Schwimmen beobachten.

Diesen Berg habe ich mit einem Freund bestiegen, wir nahmen den Weg über den Sattel zwischen den Bergspitzen. Der letzte Aufstieg war schwindelerregend, wir wechselten vom Gehen ins Klettern. Die höchste Spitze des Suilven war in den Wolken verschwunden, man konnte ihn nur über einen tückischen Pfad erreichen. Sollten wir es wagen, oder nicht?

Der Tag war bis dahin schon sehr ereignisreich gewesen, die Aussichten umwerfend. Ich hatte einem

Adler zusehen können, wir er von zwei Raben bedroht wurde. Zum ersten Mal bekam ich Ringamseln zu Gesicht. Damit kann man schon sehr zufrieden sein!

DEN BERG WIE EINEN FREUND BESUCHEN

Ich kenne keine Autorin, die schöner über das Leben in den Bergen geschrieben hat als Nan Shepherd aus Aberdeen. Ihre Liebe galt dem schottischen Cairngorms Nationalpark. „Anfangs war ich verrückt danach, immer höher zu kommen und wollte immer bis zum Gipfel ...", schrieb sie in *Der lebende Berg*. Später, als sie das Bergmassiv besser kennenlernte, berichtete sie: „... Oft gibt einem der Berg am meisten, wenn die Wanderung zu keinem bestimmten Punkt führt und es das einzige Ziel ist, am Berg zu sein – wie wenn man einen Freund besucht." Mit dieser Einstellung genießen wir Wanderungen umso mehr.

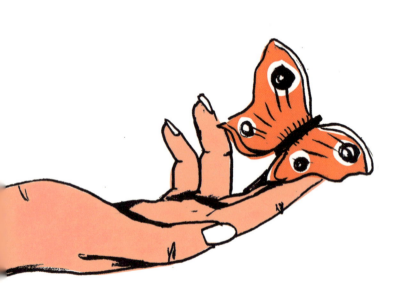

Auf dem Weg
Ruhe
finden

Ruhe und Stille sind nicht immer das, was wir denken. Ruhe finden wir auch in einem Gedränge und Stille ist nicht unbedingt das Fehlen von Geräuschen. Ein Spaziergang ist immer eine gute Möglichkeit, um vor der lauten Welt zu fliehen, kurz von unserer Familie und unserer Arbeit wegzukommen, um die Stille zu genießen und zu ergründen.

Der viktorianische Schriftsteller Charles Dickens war einer der Ersten, der auf den gewaltigen Lärm aufmerksam gemacht hat, dem viele Menschen in der industrialisierten Welt ausgesetzt sind. In *Harte Zeiten* beschreibt er das unaufhörliche Stampfen der Dampfmaschine in den Fabriken seiner erfundenen und doch sehr realen Stadt Coketown und macht deutlich, wie sehr der Lärm das Leben beeinträchtigen kann.

Heutzutage ist der Lärm in den Städten sogar noch schlimmer, mit dröhnenden Flugzeugen, Polizei-, Feuerwehr- oder Krankenwagensirenen. Zuhause schließt sich der Kreis mit Fernsehern und Radios, der Hintergrundlärm ist überall und begleitet uns bei allem, was wir tun.

SCHWEIGEN IST NICHT IMMER GOLD

Unsere Vorfahren hielten Ruhe wohl für genauso selbstverständlich wie Atmen. Es war völlig normal, dass während der Arbeit die Natur die einzige Geräuschkulisse war, Vogelgezwitscher und das Geblöke der Rinder, der Wind und der Regen. Zuhause durchbrachen die Stille lediglich das Knistern des Kaminfeuers und die Unterhaltungen mit Familienangehörigen. Diese Tage sind für die meisten von uns vorbei. Wir müssen uns regelrecht bemühen, um Stille und Ruhe zu finden und sie dann auch zu genießen.

Natürlich ist Schweigen nicht immer Gold – es gibt peinliches Schweigen, nachdem man „in ein Fettnäpfchen getreten ist" oder eine unpassende Bemerkung gemacht hat. Es gibt unangenehmes Schweigen in unglücklichen Ehen, aggressives Schweigen von aufgewühlten Teenagern, das Schweigen von beleidigten Freunden. Mit diesen unterschiedlichen Formen des Schweigens müssen wir vorsichtig umgehen, dazu brauchen wir Mitgefühl und eine gewisse Erfahrung.

Der Klang der Stille, den wir bei einem Spaziergang suchen, ist ganz anders. Es geht um unser Inneres und nicht nur um die Flucht vor dem Alltagslärm. Wir hoffen, unsere innere Ruhe zu finden. Dafür ist ein Ort absoluter Stille nicht zwingend nötig. Absolute Stille, in der wir nichts als unser eigenes Herzklopfen hören, kann auch Folter sein, so wurde sie manchmal in totalitären Regimen eingesetzt. Die Stille, nach der wir uns sehnen, ist dann erreicht, wenn die Geräusche der Außenwelt, der

Wind in den Bäumen oder ein Hundebellen in der Ferne, unsere Ruhe bestärken. Für einen Augenblick lassen wir das Getümmel des Alltags hinter uns und können in uns hineinhören.

EINFACH NUR GEHEN

Wir müssen langsam gehen und gehen nur um des Gehens Willen. Achtsamkeit kann man nicht erzwingen. Wir wissen genau, welchen Lärm wir für einen Moment hinter uns gelassen haben und warum wir ihm entkommen wollen. Gehen hilft und ein entspannter Rhythmus tut gut. Wie der Zen-Meister Thich Nhat Hanh es schon ausgedrückt hat, ist das Ziel des Gehens „nicht anzukommen, sondern einfach nur zu gehen". Ein Schritt nach dem anderen.

Wenn wir gehen, werden die Geräusche um uns herum irrelevant, sie sind nicht Teil unseres Wesens. Das funktioniert umso besser, wenn man nicht in einer Stadt geht, sondern auf dem Land, in der freien Natur. Auf solch einem Spaziergang hilft es, allein zu sein. Erst dann ist man von dem Drang befreit, mit anderen zu kommunizieren, und kann die eigene innere Ruhe genießen.

Doch es ist nicht alles verloren, wenn man in einer Stadt lebt und nicht immer die Möglichkeit hat, hinaus in die Natur zu fahren. In einer städtischen Umgebung gibt es Parks, Gärten und Flüsse, die man gut für achtsame Spaziergänge nutzen kann.

Die Weg-gabelung

Du stößt auf eine Weggabelung und bist nicht sicher, welchen Weg du gehen sollst. Dieses Dilemma erinnert an Robert Frosts „Die verpasste Straße" aus dem Jahr 1916, gepriesen als das beste Stück amerikanischer Dichtkunst des 20. Jahrhunderts:

Zwei Straßen gingen ab im Wald, und da –
Wählt' ich jene, die nicht oft beschritten,
Und das hat allen Unterschied gemacht.

Im Gedicht tut es dem Ich-Erzähler leid, dass er nicht beide Wege gehen kann, er blickt zurück mit einem Seufzer und fragt sich, was gewesen wäre, wenn er den anderen Weg eingeschlagen hätte. Reue und Unent-schlossenheit ziehen sich wie ein roter Faden durch die

Strophen. Vielleicht wollte Frost damit nur seinen unschlüssigen Freund und Weggefährten, den Schriftsteller Edward Thomas sticheln. Was auch immer seine Absicht gewesen sein mag, Frost hat mit seinem Gedicht einen Nerv getroffen.

ENTSCHEIDUNGSFÄHIGKEIT

Wenn wir achtsam gehen, spielt die Weggabelung keine Rolle – beide Wege sind gleich gut. Und doch haben die auseinandergehenden Wege eine symbolische Bedeutung, wenn wir vor die Wahl gestellt werden. Die Fähigkeit der Eigenwahrnehmung, die sich im Laufe der Evolution in den Menschen entwickelt hat, ermächtigt uns, freie Entscheidungen zu treffen. Es ist ein vieldiskutiertes Thema, das über die Jahrhunderte von zahlreichen Philosophen und neuerdings auch Psychologen aufgegriffen wurde: haben wir wirklich einen freien Willen oder ist dieser bloß Illusion? Sind all unsere Handlungen und Entscheidungen bereits vorherbestimmt?

Unsere Freiheit ist zweifellos begrenzt: Wir können nicht einfach beschließen, die Naturgesetze zu leugnen. Viele unserer Verhaltensmerkmale haben wir von unseren Vorfahren geerbt, unsere kulturellen Gewohnheiten wurden durch unser soziales Umfeld geformt. Nichtsdestotrotz besitzen wir innerhalb dieser Beschränkungen die Fähigkeit, zu entscheiden, welchen Weg wir gehen. Auch kleine Entscheidungen haben große Auswirkungen.

Beim achtsamen Gehen geht es nicht darum, herauszufinden, ob wir einen freien Willen haben oder nicht. Das Ziel ist, den Geist vom Chaos des Alltags zu befreien, den Augenblick zu leben und einfach nur auf Atmung und die eigenen Schritte zu achten. Das Ziel ist, sich seiner Selbst im Hier und Jetzt bewusst zu werden. Das schaffen wir, indem wir auf unser Inneres vertrauen und von Problemen loslassen, die unsere Gedanken beherrschen. Für die Dauer des Spaziergangs lassen wir all unsere Probleme beiseite.

Der innere Friede, den wir durch einen Spaziergang finden, hat schöpferisches Potenzial und führt manchmal zu großen Entscheidungen. „Klar – das ist es, was ich tun muss" denkt man auf einmal. Erfrischt, befreit von Zweifeln und Unsicherheit kehrt man von einem Spaziergang zurück, als neue Person, mit einer neuen Richtung. Die Entscheidung an der Weggabelung deines Lebens ist einfach so ohne Anstrengung getroffen worden.

DIE ROLLE DES „WENN"

Manche Entscheidungen im Leben, ob klein oder groß, können Veränderungen bewirken, die völlig unvorhersehbar und vielleicht sogar unvorstellbar waren. Es gab auf unserem Lebensweg schon so viele Weggabelungen, dass es interessant ist, darüber nachzudenken, wie wir dahin gekommen sind, wo wir heute stehen. Sogar vor unserer Geburt haben zufällige Begegnungen zu Ehen von Vorfahren geführt, die der Grund sind, warum es uns überhaupt gibt. Wenn die Leute, die zu unseren Groß- eltern wurden, sich nie kennengelernt hätten, dann wären wir nie geboren worden. Die Rolle des „wenn" hat in unserer persönlichen Geschichte immer wieder eine Bedeutung. Würden wir unser Leben mit all seinen Weggabelungen wie eine Kassette immer wieder von vorne abspielen, dann stünden wir am Ende jedes Mal woanders.

Wenn wir da nicht krank gewesen wären ... Wenn wir dort nicht diese Person getroffen hätten ... Wenn wir uns für eine andere Karriere entschieden, dieses oder jenes Angebot nicht ausgeschlagen hätten ... Und so weiter. Weggabelungen – manche haben uns viel zu grübeln gegeben, manche wiederum gar nicht, manche wurden uns aufgezwungen.

Wir realisieren jetzt, dass der Augenblick, in dem wir gerade gehen, einzigartig ist. Wir sind lebendig im Hier und Jetzt und spüren, dass wir dafür dankbar sein sollten.

Gehen mit
anderen

„Versuche, nicht gleichzeitig zu gehen und zu sprechen", schreibt der Zen-Meister Thich Nhat Hanh in seinem Buch *Einfach Gehen*. Hier ist natürlich achtsames Gehen gemeint, nicht Gehen generell.

Dennoch sollten wir über diese Aufforderung nachdenken. Warum nicht sprechen?

Jeder, der in einem Wanderverein ist oder schon einmal mit einer Gruppe gewandert ist, weiß, dass das Plaudern auf der Wanderung der Grund ist, warum gemeinsames Gehen so viel Spaß macht. Für manche ist es lediglich sozialer Austausch, für andere, wie zum Beispiel im Falle der Bewegungen zur Verteidigung der

Wegerechte (siehe Seiten 76-81), geht es um politische Diskussion im Sinne des Aktivismus. In beiden Fällen sind die Wanderer mit der Ausformulierung ihrer Ideen beschäftigt und achten womöglich nicht so sehr auf die Geräusche um sie herum. Das eigene Öffnen zur Natur ist somit unregelmäßig und wird immer unterbrochen. Die Vorzüge, in der Gruppe zu wandern, sollen natürlich nicht heruntergespielt werden, jedoch zielen sie auf etwas anderes ab als das achtsame Gehen.

DIE PERSÖNLICHE SUCHE NACH ACHTSAMKEIT

Der Zweck des achtsamen Gehens ist, sich selbst durch stille Meditation besser kennenzulernen, indem man auf die Atmung achtet, immer wiederkehrende Gedanken verjagt, indem der eigene Gehrhythmus zur einzigen Realität wird. Wir werden uns des jetzigen Augenblicks bewusst und entdecken, dass er völlig anders als unsere wirre Gedankenwelt ist, die uns den Tag hindurch begleitet.

Wir haben aus Sicherheitsgründen stets ein Mobiltelefon bei uns – eine weise Vorkehrung. Und doch sollten wir es ausgeschalten lassen, aus demselben Grund, warum wir auch alleine gehen sollten, wenn wir Achtsamkeit suchen. Allein das Warten auf einen Rückruf oder eine SMS ist schon eine große Ablenkung. Dieses ständige Bedürfnis nach Kommunikation, das wir heutzutage verspüren, sollten wir besser steuern, damit die modernen Technologien nicht unser Leben bestimmen.

Eine andere Person, egal, wie gut man sie kennt, stellt im Gegensatz zu all den anderen Dingen, die einen umgeben, eine andere Welt dar. Ihre persönliche Geschichte und Lebenserfahrung unterscheidet sich von der eigenen. Sie hat eine andere, einzigartige Sicht auf die Welt. Wir können nicht wissen, wie es ist, jemand anderes zu sein. Andererseits können die anderen sich auch nicht vorstellen, wie es ist, du zu sein. Deine Welt ist für sie genauso ein Rätsel, wie ihre Welt für dich. Daher kann die Konversation mit anderen einen auch so leicht von der Suche nach Achtsamkeit abbringen.

FLÜCHTIGE BEGEGNUNG

Auch wenn wir uns an den Vorsatz halten, nicht gleichzeitig zu gehen und zu sprechen, sollten wir die Gelegenheiten nutzen, wenn uns andere Wanderer begegnen und uns kurz austauschen. Solche Zusammentreffen sind durchaus etwas Besonderes. Zwei einander unbekannte Menschen begegnen sich auf einem Weg, teilen die Freude am Gehen und kommentieren das Wetter. Beiden kommt die Pause sehr gelegen und sie fangen eine Konversation an.

Wenn du jemanden auf diese Art und Weise kennenlernst, lohnt es sich, dafür offen zu sein. Vielleicht erzählt dir die andere Person, was sie gerade Spannendes gesichtet hat, einen Grünen Zipfelfalter zum Beispiel, oder sie zeigt dir den Weg zu einer abgelegenen Sitzbank, wo Orchideen blühen. Auch du kannst etwas über den Weg erzählen, der ihr noch bevorsteht. Solch eine flüchtige Begegnung kann entzückend sein. Schließlich sind unsere Mitmenschen genauso Teil der Landschaft, Teil der Welt, in der wir leben, wie Bäume und Hügel,

Schmetterlinge und Vögel. Der einzige Unterschied ist, dass andere Personen viel komplizierter und für uns persönlich schwieriger nachzuvollziehen sind, da sie alle ihre eigene Welt in sich tragen.

Eine beiläufige Unterhaltung mit jemandem, den man gerade erst kennengelernt hat, kann den achtsamen Weg aufbessern und ist genauso wenig eine Ablenkung, wie den Weg mit einem sehr guten Freund zu teilen, der es respektiert, dass man eine Zeit lang nicht sprechen möchte.

Befreie dich von
innerer Unruhe

In einer viel zitierten Geschichte aus den buddhistischen Schriften geht es um zwei Mönche auf Reisen. Da ihr Ordensgelübde auch Keuschheit umfasste, bewahrten sie ihre Tugendhaftigkeit, indem sie niemals eine Frau auch nur berührten.

Die beiden Mönche stießen auf einen Fluss, der zwar nicht sehr tief, aber dessen Strömung besonders stark war. Eine junge Frau stand am Flussübergang und blickte verzweifelt in die Strömung. Sie musste auf die andere Seite des Flusses, traute sich aber nicht. Einer der Mönche hatte Mitleid mit ihr und schlug vor, sie auf seinem Rücken über den Fluss zu tragen. Dankend nahm sie das Angebot an. Die Mönche wateten durch das

Wasser, der eine mit der Frau auf dem Rücken, der andere irritiert vom Verhalten seines Weggefährten. Als sie das andere Ufer erreicht hatten, bedankte sich die Frau sehr. Die Mönche führten ihre Reise fort. Der eine Mönch murrte weiter, dass sie Frauen doch nie berühren sollten und fragte den anderen, was dieser sich dabei gedacht hätte, die Frau über den Fluss zu tragen. Es war grotesk! So ging das Murren und Meckern eine Zeit lang weiter bis der erste Mönch erwiderte: „Bruder! Ich habe die Frau am Flussufer wieder abgesetzt. Trägst du sie immer noch?"

Mit dieser Geschichte im Hinterkopf sollten auch wir beginnen, unsere inneren Unruhen zu besänftigen und uns nicht davon bestimmen lassen, was uns aufwühlt. Das ist nicht immer einfach.

BEKENNE DICH ZU DEINEN GEDANKEN

Alle, die schon Erfahrung mit Meditation und Achtsamkeit haben, wissen, dass es wichtig ist, mit ablenkenden

Gedanken umgehen zu können. Daher ist auch die Übung für achtsames Atmen (siehe Seiten 28–33) so wichtig: Achtsame Atmung lenkt unsere Aufmerksamkeit zurück auf den Augenblick und auf unseren Körper. Wir werden dadurch wachsamer im Hier und Jetzt und erkennen, welche Gedanken uns nur vorübergehend aufwühlen. Manche davon sind trivial, wie Bruchstücke aus einem Traum. Wir müssen uns nicht mit ihnen identifizieren, diese Gedanken sind nicht wir. Sie kommen und gehen wie Wolken, die uns manchmal beschatten.

Der Ratschlag, der noch aus Buddhas Zeit stammt, ist heute derselbe. Kämpfe nicht gegen ablenkende oder störende Gedanken an, denn so werden sie nur zum Problem. Sie zehren von negativer Aufmerksamkeit. Der richtige Weg, damit umzugehen, ist, sich zu diesen Gedanken zu bekennen, ihnen Platz zu geben: „Ah! Da ist diese kleine Sorge wieder!" Dadurch, dass man sich kurz damit auseinandergesetzt hat, kann man ihn leicht zur Seite schieben und sich vornehmen, sich erst nach dem Spaziergang damit zu beschäftigen. Oft ist es damit getan, wenn nicht, kann man nach dem Spaziergang besser mit solchen Gedanken umgehen, da der Spaziergang uns aus ihrer Kontrolle befreit hat.

BLEIB STEHEN UND LASS LOS

Größere Sorgen sind schwieriger zu bewältigen. Vielleicht macht uns in der Arbeit eine bestimmte Person besonders zu schaffen, vielleicht wurden wir von unserem Ehepartner betrogen oder wir haben etwas Furchtbares getan, das nicht mehr rückgängig zu machen ist und weswegen wir uns sehr schuldig fühlen. Kummer und Verzweiflung, Angst und Wut zerstören alles. Es kann vorkommen, dass wir uns auf einem Spaziergang dabei ertappen, wie wir, von unseren Gedanken völlig eingenommen, nur auf den Boden starren und die Schönheit der Natur nicht einmal zur Kenntnis nehmen. Wir murmeln einen Dialog mit einem Arbeitgeber, Kollegen oder Elternteil in uns hinein und versuchen, in der Diskussion die Überhand zu bekommen und bringen all die Argumente, die uns in der richtigen Situation entfallen sind. Natürlich ist nichts davon produktiv, weder löst es das Problem, noch bringt es uns innere Ruhe. Achtsamkeit zwingt uns, stehen zu bleiben und loszulassen (eine Übung, die man öfters wiederholen muss).

Atme langsam, entspanne die Schultern, öffne deine Lunge, schaue hinauf in den Himmel, zu den Bäumen, den Wolken, spüre die Schwerkraft, die dich auf dem Boden hält, rieche die Luft, höre auf den Wind, fühle ihn auf der Haut, lasse die Geräusche in der Ferne und das Vogelgezwitscher in dein Bewusstsein. So schwer es auch sein mag, wir müssen den Ballast, den wir mit uns tragen, ablegen. Eines Tages, wenn wir sterben, werden wir sowieso alles loslassen – also warum befreien wir uns nicht gleich von den Lasten und leben den Augenblick, solange wir es können.

Gehe entlang von
Flüssen und Kanälen

Wir haben von Natur aus eine Affinität für Wasser – immerhin bestehen wir selbst zum Großteil aus Wasser. Somit ist es auch keine Überraschung, dass wir uns in der Nähe von Flüssen und Kanälen besonders wohl fühlen. Sie sind Wegbegleiter, die über lange Strecken hinweg an unserer Seite bleiben. Sie haben auf uns eine entspannende Wirkung, sodass wir beginnen, langsamer zu gehen. Routen entlang des Wassers haben eine ganz eigene Atmosphäre und Tierwelt. Der achtsame Spaziergang bekommt eine ganz neue Dimension, wenn wir einen Weg entlang des Wassers finden.

Kanäle zeigen uns, wie man durch eine laute, rege Stadt spazieren kann. Einst waren sie Hauptverkehrswege der Schwerindustrie – langsame Frachtschiffe transportierten alles, von Kohle und Stahl über Getreide bis hin zu Holz. Auch wenn Kanäle heutzutage für den Handel kaum noch eine Rolle spielen, machen sie ihren Weg durch die Städte. Um einen Kanal zu finden, müssen wir die unauffälligen Treppen bei einer Brücke hinabsteigen oder einem unscheinbaren Pfad in einem Gewerbepark folgen, vielleicht hinter einem Supermarkt oder einem Parkhaus. Und plötzlich finden wir uns am Ufer eines ruhigen Kanals wieder. Unkraut und Blumen, die man entlang der Verkehrsstraßen kaum sieht, gibt es hier in Hülle und Fülle.

Die Industrie hat Platz für ein Erholungsgebiet gemacht – bunte, mit Blumen dekorierte Frachtschiffe sind zu schwimmenden Häusern geworden, die von Urlaubern bewohnt werden, Fischersleute sitzen friedlich am Ufer, Schwäne ziehen vorbei. Vor uns liegt ein toller Spazierweg, in welche Richtung wir auch losgehen.

IM STETIGEN WANDEL

Der Fluss hat eine eigene Dynamik: Er fließt. Das
Fließen bringt eine Vielzahl an Geräuschen mit sich. Die
Bewegung des Wassers klingt je nach Umgebung
verschieden, sei es Röhricht, Fels oder im freien Fall. Das
Wasser ist im stetigen Wandel, das Flussbett bleibt
gleich. Wir können die Route eines Flusses auf der
Landkarte einzeichnen, mit seinen Wasserfällen, mit
allen Kurven und Biegungen. Und doch ist das Wasser
immer in Bewegung, zum nächsten See oder Meer
fließend.

Es ist diese Eigenschaft der Flüsse, festgelegt und
doch immer in Bewegung zu sein, die den griechischen
Philosophen Heraklit zu folgender Bemerkung
verleitete: „Bei einem Fluss ist es nicht möglich,
zweimal in selbigen hineinzusteigen – es zerfließt und
wieder strömt es zusammen und kommt her und geht
fort." Seine Vorstellung, dass sich alles in einem stetigen
Wandel befindet, ist eine Vorwegnahme unserer
modernen Sicht auf die Welt, in welcher unser Leben

ein Teil des dynamischen Prozesses ist. Veränderung ist
natürlich.

EWIGKEIT FINDEN

Wenn wir einen Fluss entlanggehen, kommen wir zu der
Einsicht, dass Veränderung ein wesentlicher Teil unserer
Existenz ist. Das Leben ist ein Strom und wir sind
sterblich. Bei der Achtsamkeits-Atemübung befreien wir
uns von Sorgen und Ängsten, Ballast aus der Vergangenheit und Stress über die Zukunft. Das Leben ist hier und
jetzt. Wenn wir uns über die Dynamik des Flusses
bewusst werden, finden wir im Augenblick eine Form
von Ewigkeit. Auch wir bewegen uns durch das Leben,
wir wachsen und werden jeden Tag älter und finden doch
immer Ruhe in diesem ganzen Prozess.

Der englische Dichter William Wordsworth schreibt
von seiner Meditation über den ewigen Fluss des
Cumberland Bachs „was war, was ist, was sein wird" in
seinem Gedicht „Valedictory Sonnet to the River
Duddon". Der Duddon ist einer meiner Lieblingsflüsse –

als Kind habe ich in seiner Strömung schwimmen
gelernt. Verschiedene Bäche kommen in ihm zusammen,
nehmen an Geschwindigkeit auf, stürzen hinab zwischen
Felsblöcken und schlängeln sich durch die Landschaft bis
zum Irischen Meer. Wordsworth schrieb:

Ruhig fließt der Bach und soll für immer fließen;
Die Form bleibt, die Aufgabe stirbt nie;
Während wir, die Mutigen, die Mächtigen und Weisen,
wir Menschen, die wir am Morgen unserer Jugend
die Elemente bezwungen haben, vergehen müssen;
– so sei es!

Entdecke
die Stadt

Es wäre ein Fehler, zu denken, dass man als Stadtbewohner für einen guten Spaziergang aus der Stadt flüchten muss. Das Gehen auf überfüllten Straßen hat auch seine guten Seiten und bietet die Chance, sich in Achtsamkeit zu üben. Die Stadt muss nicht die zweite Wahl sein.

Innerhalb der letzten Jahre haben sich die Menschen zu einer urbanen Spezies entwickelt – mehr als 50 Prozent der Weltbevölkerung lebt in den Städten. Die Menschen sind in die Städte gezogen, um Arbeit zu finden, die Städte selbst haben sich auf das Land ausgedehnt. Wir sollten das Positive in dieser urbanen Expansion sehen und die neuen Möglichkeiten, die sie mit sich bringt.

EINE UNERWARTETE VIELFALT

Wir brechen auf in die Stadt und denken an den Rat
Buddhas, während des Gehens einfach nur zu gehen. Auf
jedem Spaziergang werden wir überrascht sein. Wir
haben vielleicht im Vorhinein auf einem Stadtplan die
nächsten Parks, Uferpromenaden und Friedhöfe
herausgesucht, die kleinen Seitenstraßen, weit weg vom
lauten Verkehr. Wir bereuen nicht, dass wir nicht hinaus
aufs Land gefahren sind.

Die Stadt bietet eine unerwartet vielfältige Pflanzen-
und Tierwelt. In städtischen Gärten und Parks findet
man eine Fülle an Blumen, in einer größeren Dichte, als
es am Land der Fall wäre. Die große Blumen-Vielfalt
zieht Bienen und verschiedenste Arten von Schmetter-
lingen an. Friedhöfe sind besonders bewachsen und
bieten vielen Tieren ein Zuhause, vor allem, wenn sie
etwas ungepflegter sind und die Flechte sich auf den
Grabsteinen ungehindert ausbreiten kann. Womöglich
leben hier mehr Vogelarten als entlang eines durch-
schnittlichen Landwegs.

Nimm dein Mobiltelefon mit, wenn du möchtest, aber schalte es ab. Am besten wäre es, den Spaziergang alleine zu machen, damit du die Gedanken baumeln lassen kannst. Es ist wichtig, die Stadt für sich selbst sprechen zu lassen und sich das Plaudern mit anderen für einen späteren Zeitpunkt aufzuheben.

In der Gesellschaft Nordindiens entwickelte sich vor zweitausendfünfhundert Jahren Achtsamkeit allmählich zu einer Lebenseinstellung, als die Städte, getragen von einer wachsenden Eisenindustrie, immer größer wurden. Der Pfad der Achtsamkeit hatte für die neue Generation einen besonderen Reiz, sie war auf der Suche nach einer Spiritualität unabhängig des Kastensystems und wollte einen eigenen Weg finden, jenseits von Kennzeichnung und Glaubenslehre. Vielleicht fühlst du dich heute in einer ähnlichen Lage, wenn du achtsam durch die Stadt gehst.

GERÄUSCHE DER MENSCHHEIT

Wenn die Gehsteige überfüllt sind, denke an die Achtsamkeitsübung (siehe Seiten 28–33) und finde deinen eigenen Rhythmus. Normalerweise würden wir uns einfach durch das Gedränge kämpfen und die anderen Menschen, so weit es geht, ignorieren. Aber lass nun die Leute an dir vorbei und stell dir vor, du würdest einen Fluss aufwärts paddeln – achte auf die Gesichter, die vielen verschiedenen Menschen, sei ihnen freundlich zugewandt und erinnere dich, dass jede und jeder von ihnen im Zentrum einer ganz eigenen Welt steht.

Erreichst du den Park oder die Uferpromenade, bleibe stehen und höre auf die Geräusche der Stadt, die nun deutlich leiser geworden sind. Stets begleiten sie uns, auch wenn wir die meiste Zeit versuchen, sie auszublenden. Wir ignorieren Flugzeuge und lärmenden Verkehr. Konzentriere dich für einen kurzen Moment auf all diese Geräusche, schließlich sind es die Geräusche der Menschheit, sie sind Teil der Symphonie einer risikoreichen doch aufregenden Schöpfung.

SCHÖNEN ABEND!

Die Abendstunden sind die schönste Zeit für einen Stadtspaziergang. Die Menschen verlassen ihre Büros und finden sich in Bars wieder, um den Abend entspannt ausklingen zu lassen. Vielleicht gehst du bis zum Fluss (der in vielen Städten zu finden ist), weil du den Sonnenuntergang am Wasser verbringen möchtest. Der farbenfrohe Himmel über der Stadt und die untergehende Sonne hinter den Hochhäusern scheinen in dieser urbanen Welt fast unecht. Hobbyläufer und Radfahrer finden sich ihren Weg durch die Fußgänger.

Ein zaghaftes Nicken zu einem Passanten wird vielleicht mit einem „Schönen Abend!" erwidert und kurz wird der Schleier der städtischen Anonymität gelüftet.

Die Sonne
im Rücken

Heutzutage gibt es noch Menschen, die behaupten können: „Als wir jung waren, schauten wir in den Himmel, um zu wissen, wie spät es ist." Die Position der Sterne am Nachthimmel, oder der Schattens, den die Sonne wirft, war ausreichend, um die Zeit zu bestimmen. Diese natürliche Fähigkeit wurde durch digitale Uhren und das Leben in den Städten abgestumpft. Wir sind mittlerweile an das Konzept von Zeit gebunden und brauchen eine präzise Zeitmessung für die Arbeit, für Züge und Nachrichtensendungen. Wir haben die Sonne vergessen.

Jene von uns, die in einem gemäßigten Klima leben, wo Wolken und Regen keine Seltenheit sind, freuen sich besonders, wenn die Sonne scheint. Die Unbeständigkeit des Wetters ist für uns die Norm und wir haben uns an die Wetterumschwünge gewöhnt. So sind wir immer dankbar, wenn auf unserem Spaziergang die Sonne hinter den Wolken zum Vorschein kommt.

FEUEROFEN

Nur selten nehmen wir uns die Zeit, den Gedanken weiterzuführen – über die Sonne selbst nachzusinnen, ein regelrechter Feuerofen mit über einer Million Kilometer Durchmesser. Ohne Sonne wären wir ganz einfach nicht hier: Das Leben auf der Erde hätte sich niemals entwickeln können, es gäbe keine Beobachter, die sich über Sonnenschein freuen. Somit ist es kaum überraschend, dass die Menschen in der Vergangenheit die Sonne anbeteten. Judentum, Christentum und Islam gehen zurück auf den urägyptischen Glauben an den Sonnengott Aton oder Ra. Griechische Astronomen im alten Ägypten waren sich bereits der schier unglaublichen Größe der Sonne bewusst, lange bevor sie durch die moderne Wissenschaft messbar wurde. Die Sonne ist seit Milliarden von Jahren eine konstante, verlässliche Begleiterin unseres Planeten. Ihre schöpferische Energie ist lebenswichtig für das Ökosystem, dessen Teil wir sind. In diesem Sinne war die Sonne Geburtshelferin des Bewusstseins auf der Erde.

SONNENAUFGANG, SONNENUNTERGANG…

Möchten wir die Sonne kennen und schätzen lernen, sollten wir, wie unsere Vorfahren es schon getan haben, am Horizont beobachten, wo sie, je nach Jahreszeit, auf- und untergeht. Eine lokale Wanderroute, die wir regelmäßig das ganze Jahr über nutzen, bietet sich dafür bestens an. Besonders wenn wir der Wintersonnenwende näher kommen, sollten wir den Sonnenstand im Auge behalten und uns anhand eines Baumes oder Gebäudes den Punkt merken, an dem die Sonne untergeht. Noch besser wäre es sogar, in der Morgendämmerung aufzustehen und den Sonnenaufgang zu beobachten. Monolithe oder Steinkreise, wie die Menschen sie vor Tausenden von Jahren errichtet haben, um die Bewegung der Sonne festzuhalten, sind hier nicht nötig.

Manchmal, bei Sonnenuntergang, wenn die Sonne durch Nebel und Wolken Richtung Horizont sinkt und zu einem roten Ball wird, kann man flüchtig einen Sonnenfleck erkennen. Für uns sind es kleine schwarze Punkte auf der Sonnenoberfläche, doch damit diese für das menschliche Auge sichtbar werden, müssen sie in Realität größer sein als die Erde, auf der wir leben.

EIN SCHIMMER DER DANKBARKEIT

Das Gefühl von Dankbarkeit, das wir verspüren, wenn die Sonne unseren Rücken wärmt – woher kommt es? An wen oder was ist es gerichtet? Glück? Gott? An die Sonne selbst?

Der Paläontologe und Mystiker Teilhard de Chardin schrieb in seinem Essay namens „Die Seele der Welt" (aus dem Sammelband *Schriften in Zeiten des Krieges*): „Es kann keinen Zweifel geben, dass wir etwas in uns tragen, das größer und unentbehrlicher ist als wir selbst; etwas, das es vor uns schon gab; etwas, in dem wir leben und das wir nicht ausschöpfen sollten; etwas, das uns dienlich ist, aber das wir nicht beherrschen ..." Es ist etwas, dem wir dankbar sind, ob wir es nun benennen oder nicht.

Einer der buddhistischen Grundsätze besagt, dass das Leben von Vergänglichkeit geprägt ist. Dieser Gedanke schwingt auch im anglikanischen *Book of Common Prayer* mit, in welchem von einem „transitorischen Leben" die Rede ist. Wenn die Sonne im Gehen unseren Rücken streift, antworten wir darauf, indem wir uns für das Geschenk des Augenblicks bedanken. Wir tun gut daran, an diesem Schimmer der Dankbarkeit festzuhalten.

Gehen bei
nassem Wetter

„Regen, geh weg! Komm an einem anderen Tag wieder",
singt das betrübte Kind vor sich hin, während der graue
Regen die Fensterscheibe hinab rinnt und jegliche
Fußballpläne zerstört. Die Familie, die ein Picknick
geplant hatte, schaut besorgt in den wolkigen Himmel,
die Organisatoren einer Freiluftveranstaltung rufen
immer und immer wieder die Wettervorhersage auf und
halten die Daumen gedrückt. An jenen Orten, wo der
Regen regelmäßig aber doch unvorhersehbar ist, wird er
meist als Spielverderber gesehen. Es ist natürlich, so zu
denken.

Doch für den regelmäßigen Wanderer ist der Regen
eine willkommene Gelegenheit, ein feineres Gefühl für

die Welt zu bekommen, wenn man das Gehen im Regen
genießen kann.

Es ist ohne Zweifel wichtig, sich vorzubereiten:
Wasserfeste Kleidung und Schuhe sind unverzichtbar auf
längeren Wanderungen. Es hat keinen Sinn, völlig
durchnässt zu werden, wenn es keine heiße Dusche in
unmittelbarer Nähe gibt – und Achtsamkeit ist schwierig
aufrechtzuerhalten, wenn man nass bis auf die Knochen
und vor Kälte zitternd einen Wanderweg beschreitet.

DER GOLDLÖCKCHEN-PLANET

Regen ist eines der wertvollsten Dinge im Leben,
jegliche Reichtümer von Millionären und Plutokraten
weit übertreffend. Wir leben auf einem Wasserplaneten,
gäbe es auf der Erde nicht so viel Wasser, wären wir gar
nicht hier. Die Evolution des Lebens ist eng mit dem
Wasser verbunden. Daher sind Naturwissenschaftler
auch so daran interessiert, Wasser auf dem Mars zu
finden. Der Planet Erde mit seinen riesigen Ozeanen
und Gletschern, Flüssen und Seen, Wolken und

Regengüssen ist die ideale Heimat für das Wachsen und Gedeihen von Lebewesen – der perfekte Ort für die Entwicklung bewusster Menschen, die aus einer langen genetischen Geschichte hervorgehen, um sich schauen und Fragen an ihre Umwelt stellen.

Hier liegt ein Zirkelschluss vor, der schon in der Vergangenheit von Theologen hervorgehoben wurde, um die Existenz eines göttlichen Schöpfers zu beweisen. Sie argumentierten, dass die wasserreiche Welt, in der die Menschen leben, für sie genau richtig sei, daher müsse es den guten Absichten von Gott zu verdanken sein. Zusätzlich dazu schwimmt Eis an der Wasseroberfläche, sodass kleine Lebewesen tiefer im Wasser den Winter überleben können. Weniger religiöse Beobachter sprechen heute von einem Goldlöckchen-Planeten in Anlehnung an das Kindermärchen, in dem für Goldlöcken „alles genau richtig" ist.

GENIESSE DEN REGEN
Tragen wir angemessene Kleidung und sind uns darüber

im Klaren, wie wichtig Wasser für alles Leben auf der Erde ist, können wir den Regen beim Wandern genießen, anstatt ihn zu verfluchen. Empfinde es als angenehm, wenn dir ein bisschen kalter Regen den Nacken hinunter rinnt.

Und wenn du schließlich auf einem Felsen sitzt und dein Käse-Tomaten-Brot isst, während der Regen von deinen Schultern abprallt, kannst du zurückblicken und getrost sagen, der Regen hat deinen Tag ganz bestimmt nicht ruiniert. Wir müssen lernen, den Regen als Teil des lebenserhaltenden Wasserkreislaufs wertzuschätzen – dieser ist für uns schließlich genauso wichtig, wie die Luft, die wir einatmen. Erst dann beginnen wir, die verschiedenen Arten von Regen zu unterscheiden und zu genießen: den feinen Sprühregen, den sanften, den strömenden oder auch den peitschenden Regen. Wir bemerken die dicken Regentropfen, die von den Blättern fallen oder entdecken, dass das, was wir für Regen hielten, eigentlich die Gischt ist, die uns von den Klippen entgegenkommt.

Der Regen ist älter als die Sonne. Diese wunderschönen Vorhänge, welche die Landschaft umhüllen und den Horizont verschleiern, sind die Form, die das Wasser vorübergehend angenommen hat, und davor schon als Eis, Flüssigkeit oder Dampf auf der Erde zu finden war.

In der Wissenschaft wird darüber diskutiert, wie viel Wasser von Kometen stammt und welcher Anteil schon auf der Erde war, in den Felsen gespeichert, aus denen der Planet entstanden ist – so oder so kann das Wasser auf eine lange kosmische Geschichte zurückblicken, in welcher der Regen für den lebenswichtigen Wasserkreislauf immer eine bedeutende Rolle gespielt hat.

Die Erde unter
unseren Füßen

Durch das Wandern sind unsere Schuhe schmutzig geworden. Wir versuchen, den Dreck wegzukratzen, abzuklopfen, oder streifen unsere Schuhe durch eine feuchte Wiese. Ein Stück Zaun hilft, größere Brocken getrockneten Schlamms vom Schuh zu lösen. Aber all diese Versuche sind nicht immer wirksam.

Die Schuhe müssen warten, bis wir nach Hause kommen, wo wir sie mit Scheuerbürsten und Wasser reinigen können. Das Achten auf das eigene Schuhwerk ist für Wanderer nicht unwichtig.

Während wir schrubben, hoffen wir, mit dem Schmutz nicht den Abfluss zu verstopfen und fragen uns gleichzeitig, warum wir mit dem Putzen der Schuhe nicht draußen begonnen haben. Dabei denken wir kaum über den Schlamm an sich nach, diese Stückchen Erde, mit Lehm, Humus und Blättern, die sich an unseren Schuhen festgemacht haben. Unsere Schuhe vom Schlamm zu befreien, ist für uns eine seltene Gelegenheit, über den Boden auf dem wir gehen, nachzudenken. Vielleicht beginnen wir sogar, Respekt vor dem Schmutz zu haben, den wir wegwaschen – wir sind schließlich aus derselben Materie gemacht. Alles, was wir essen, ist auf diesem Boden gewachsen, wo Pflanzen zur Vegetation werden. In uns geht der schöpferische Prozess weiter und Bewusstsein geht aus der Erde hervor.

SCHÖPFUNGSMYTHEN

Schon die frühesten Mythologien erzählen von der Verbundenheit zwischen Erde und Menschen. Im ersten Buch Mose formt Gott den ersten Menschen aus der Erde und erweckt ihn zum Leben – auch sein Name, Adam, bedeutet auf Hebräisch „Erde". Der Trauergottesdienst im Gebetbuch der anglikanischen Kirche bringt diese

Verbundenheit mit folgenden Worten zum Ausdruck: „Erde zu Erde, Asche zu Asche, Staub zu Staub." Am Aschermittwoch sieht man manche Christen mit einem Aschenkreuz auf der Stirn, das Priester mit folgenden Worten aufzeichnen: „Bedenke Mensch, dass du Staub bist, und zum Staub wirst du zurückkehren."

Ein wenig bekannter Schöpfungsmythos der amerikanischen Ureinwohner wird von den Jicarilla Apachen erzählt und kommt zu einem ähnlichen Schluss (den vollständigen Mythos kann man in Joseph Campbells Werk *The Masks of God: Primitive Mythology* nachlesen). Der Schöpfer in dieser Erzählung ist Black Hactcin, der die Tiere aus Tonerde formte, die Vögel aus Tonerde vermischt mit Regentropfen, und ihnen dann Leben einhauchte. In der Geschichte hatten die Tiere Sorge, dass Hactcin sie eines Tages verlassen würde: „Du wirst nicht für immer bei uns bleiben". Also baten sie um einen Kameraden, ein menschliches Wesen, jemand, der auf sie Acht geben würde.

Black Hactcin war einverstanden und schickte die Tiere los, alles Material zu sammeln, das er brauchte: Lehm,

Gagat, roten Stein, Opal, Ocker und dunkle Wolken für die Haare. Dann zeichnete er die Umrisse eines Mannes in den Boden, seinem Ebenbild gleich, und legte alles Material in die Form auf dem Boden. Er rief den Wind auf, in die Form einzutreten (die Legende besagt, dass wir davon heute Wirbel auf den Fingerkuppen haben).

Black Hactcin befahl den Tieren, nicht hinzusehen, während es passierte – doch die Vögel konnten der Versuchung nicht widerstehen und schauten hin, dadurch lief im Prozess etwas schief, was das merkwürdige Aussehen der Menschen erklärt. Nichtsdestotrotz fingen die Vögel an zu singen, als der erste Mensch zum Leben erwachte und sie tun es bis heute, mit dem Morgenkonzert.

KREATUREN DER ERDE

Sowohl die hebräischen als auch die Jicarilla-Schöpfungs-mythen zeigen auf unsere Verantwortung all den anderen Lebewesen gegenüber. Sie erinnern uns daran, dass wir Menschen aus dem gemacht sind, aus dem auch der Boden,

auf dem wir gehen, gemacht ist – nämlich aus dem
Material, das wir nach einer langen Wanderung von
unseren Schuhen kratzen. Die Erde.

Ganz zu Beginn gab es auf der Erdoberfläche weder
Boden noch Schlamm. Es hat mehrere Millionen Jahre
gedauert, bis der fruchtbare Boden entstehen konnte, aus
dem Pflanzen und Leben hervorgegangen sind. Das
Schleifen der Gletscher („Gottes große Pflüge" laut Louis
Agassiz, berühmter Geologe des 19. Jahrhunderts) hat
Felsen zu Erde gemahlen, wodurch viele Mineralien
freigesetzt wurden. Die Flechte entwickelte sich, wodurch
noch mehr Fels und Stein verbraucht und zu Erde
umgewandelt wurden, in welcher Pflanzen ihre Wurzeln
ausbreiten konnten. Auch das Moos und der Mulch von
den Bäumen trugen ihren Teil zum reichhaltigen Humus
bei, aus dem sich Vegetation, Tiere und Menschen heraus
entwickelt haben.

Wir sind wahrhaftige Kreaturen der Erde, verwandt mit
dem Schlamm, der an unseren Schuhen haftet.

Gehen mit
Elefanten

Von der Art, wie Elefanten gehen, können wir einiges lernen. Das mag sonderbar klingen, aber jeder, der diese riesigen Säugetiere schon in freier Wildbahn beobachten konnte, weiß, dass etwas Wahres dran ist.

Die Fortbewegung war eine der größten Innovationen im schöpferischen Prozess der Evolution. Daran denken wir, wenn wir spazieren gehen. Kreaturen, die gehen, erweitern ihren Horizont, sie sind nicht an einen Ort gebunden wie andere Äste am Baum des Lebens – Blumen, Bäume oder

Pilze. Der Beobachter im afrikanischen Busch achtet immer auf Bewegung. Ameisen kreuzen in langen Kolonnen den Weg auf der Suche nach Futter. Löwen trotten gemütlich zur nächsten Wasserstelle, ihre tödlichen Waffen in ihren Pfoten versteckt. Giraffen, die uns von hoch oben erkennen, galoppieren mit ungelenken Schritten davon. Die zarten Beine der Antilopen verleihen ihnen eine bemerkenswerte Schnelligkeit und Geschicklichkeit. Doch es ist das ruhige Fortschreiten der Elefanten, das am meisten überrascht.

BEHUTSAM AUF DER ERDE

Das erste Mal wurde ich auf den sanften Schritt dieser Riesentiere aufmerksam, als ich mit einem einheimischen Führer durch den kenianischen Busch ging. Nur wir beide; er trug ein Radio bei sich, falls wir in Schwierigkeiten geraten sollten, und eine alte Pistole, von der ich nicht glaube, dass er sie jemals benützt hätte – er strotzte nur so vor Selbstvertrauen. Das Einzige, was ihm Sorgen bereitete, war, dass wir ja nicht auf einen schlafenden Büffel stoßen, das wohl gefährlichste und unberechenbarste Tier im Busch. Wir gingen so leise, wie wir nur konnten.

„Stop", flüsterte er plötzlich und zeigte nach vorne. Eine kleine Elefantenherde graste zwischen Dornbüschen und Akazien an der Waldgrenze. „Wir sind windabwärts – also sicher!" Wir blieben stehen. Dann bemerkte ich im Unterholz eine Bewegung zu meiner Rechten – ein kleiner Vogel versteckte sich da und beobachtete uns. Wir schauten uns einen Moment lang an, dann flog er davon. Ich drehte mich zurück zu den Elefanten – da waren sie schon verschwunden.

„Was ist passiert?", fragte ich perplex. „Vielleicht haben sie uns gehört", antwortete er. Was auch immer der Grund gewesen sein mag, sie waren zurück in den Wald geschlichen. Trotz ihrer Körpermasse und gewaltigen Beine gehen Elefanten sehr behutsam auf der Erde. Sie verschwinden ohne einen Laut, ohne Stampfen, ohne Zusammenstoßen. Sie gehen vorsichtig. Elefanten schaben mit ihren Hufen sanft den Boden, lösen das Gras oder die Pflanzen, die sie essen möchten, bevor sie sie mit ihrem Rüssel verschlingen. Die Füße eines Elefanten sind sehr empfindlich – wie schrecklich, wenn man bedenkt, dass es früher Mode war, mit ihrem Leder Fußschemel zu überziehen.

EINE HERZERWÄRMENDE GESCHICHTE

Der Besitzer einer Ranch hat mir einmal eine Geschichte über das Sozialverhalten von Elefanten erzählt. Er war auf einer anderen Ranch aufgewachsen und erinnerte sich an den Tag, als er an der Grenze des Grundstücks ein verzweifeltes Elefantenjunges gefunden hatte, das über den Tod seiner Mutter trauerte. Die Elefantenmutter war wegen ihrer Stoßzähne von Wilderern erschossen worden.

Damals schaffte er es, das hungrige Elefantenjunge mit sich zurück zur Ranch zu bringen, wo es sich inmitten der Kühe, Pferde, Hunde und Menschen schnell wohlfühlte. Der Elefant liebte es, im Staudamm zu planschen. Die Bewohner der Ranch fütterten und kümmerten sich um ihn. Über die Monate wurde er immer größer, bis der

Entschluss gefasst wurde, dass es für ihn besser wäre, mit seinen Artgenossen in der Wildnis zu leben.

Damals wussten die Leute von einer Elefantenherde, die ab und zu an der Ranch vorbeikam. Sie fuhren den Elefanten in einer Pferdebox zu dem Ort, an dem die Herde oft zum Weiden hinkam. Der Elefant trottete fröhlich auf die Herde zu und schien kein Problem zu haben, von ihr akzeptiert zu werden. Gemeinsam zogen sie weiter.

Zwei Jahre später stand eines frühen Morgens plötzlich eine Elefantenherde auf der Ranch, einer unter ihnen kam aus der Gruppe hervor und näherte sich dem Ranch Haus. Der Elefant trug einen Pflock, seine Beine waren eingerollt in Stacheldraht und schwer verletzt. Es war ihr alter Freund. Sie befreiten ihn von dem Stacheldraht, pflegten seine Wunden und schauten ihm schließlich zu, wie er zu seiner Herde zurückkehrte, die ihn wieder aufnahm und dann zwischen den Bäumen verschwand.

Du bist Teil
der Natur,
durch die du gehst

Wir haben bereits damit begonnen, uns mit der Welt, durch die wir gehen, zu identifizieren, den Regen zu genießen und uns daran zu erinnern, dass wir aus dem Boden gemacht sind.

Regelmäßige Wanderer haben das Privileg, die Welt von einem Standpunkt aus zu sehen, der vielen verwehrt bleibt. Wenn wir achtsam gehen, passen wir das Nachdenken über uns selbst an die Umwelt an, durch die wir gerade gehen, ob Landweg, Stadt oder Wildnis. Wir erkennen unsere Verbundenheit mit der Natur. Wir, die wir aufrecht gehen, um uns schauen, die Schönheit wertschätzen und den Kopf voller Fragen haben, entspringen genauso dem Ökosystem wie Bäume, Käfer, Schmetterlinge oder Vögel. Die Menschheit hat sehr lange gebraucht, um das zu verstehen.

WIR SIND ALLE STERBLICH

Die Wahrheit über die Wechselbeziehungen zwischen allen Lebewesen, uns miteingeschlossen, ist etwas, das nicht jeder für sich herausfinden kann. Wir sind hier auf hunderte Jahre naturwissenschaftlicher Forschung angewiesen, sowie auf die Worte von modernen „Propheten", die die Dinge so sehen können, wie sie wirklich sind. Einer dieser Propheten war John Muir, eine bemerkenswerte Person, ein Mann der Berge und der Wildnis – falls es jemals so etwas wie einen achtsamen Geher gegeben hat, dann war es wohl er. John Muir war einer der lautstärksten Gründer der nordamerikanischen Nationalparks, mit einer besonderen Liebe für den Yosemite Valley in Kalifornien. Aus seiner Sicht sollten wir uns immer darüber im Klaren sein, dass alle anderen Lebewesen genauso sterblich sind wie wir und wir sie somit auf dieser Erde als Kameraden ansehen sollten.

Es ist verständlich, dass Frauen und Männer in den Anfängen der menschlichen Evolution gedacht haben, sie seien der Natur überlegen. Sie haben geglaubt, es sei ihr gutes Recht, die Welt auszubeuten, sie als eine Ressource zu ihrem eigenen Nutzen anzusehen. Diese Sichtweise wurde in der jüdisch-christlichen Schrift, dem ersten Buch Mose, als der göttliche Befehl an die Menschen verewigt, alle anderen Lebewesen zu beherrschen.

DIE UNBERÜHRTE NATUR RETTEN

Muir war ein gebürtiger Schotte aus Dunbar, der im Jahr 1849 im Alter von elf Jahren mit seiner Familie nach Wisconsin emigrierte. Er wuchs bei einem tyrannischen evangelischen Vater auf, der ihn zwang, das komplette Neue Testament (und einen großen Teil des Alten) auswendig zu lernen. Von den Schöpfungsgeschichten im ersten Buch Mose nahm er mit, dass die Menschheit die Natur unterwerfen soll und jeden Fisch im Meer, jeden Vogel in der Luft und jedes einzelne Lebewesen auf der Erde zu beherrschen habe. Als er älter wurde und es gewohnt war, durch den Wald zu spazieren, Berge zu erklimmen oder Gletscher zu erforschen, begann er, die Dinge anders zu sehen. Er fand ein anderes Buch, das ihm von Gott erzählte – das Buch der Natur.

Er sprach für die Wildnis, gab der Natur eine Stimme. „In Gottes Wildnis liegt die Hoffnung der Welt", schrieb er, „die unverdorbene Natur." Und: „Bei jedem Spaziergang in der Natur bekommen wir weit mehr, als wir je gesucht haben."

Er schrieb ebenso vom menschlichen Bedürfnis nach Wildnis. „Tausende müde und gereizte, überzivilisierte Menschen finden heraus, dass eine Fahrt in die Berge wie nach Hause kommen ist, dass die Wildnis eine Notwendigkeit ist …" Bestürzt über die handelsgetriebene und teilweise mutwillige Zerstörung der Umwelt, das Fällen von Mammutbäumen oder Erschießen von Eisbären, wurde Muir zu einem ihrer größten Verteidiger. (Die Zitate wurden der wunderbaren Muir-Biographie von Mary Colwell entnommen: *John Muir; The Scotsman Who Saved America's Wild Places.*)

LEBEN

Wenn wir gehen, reflektieren wir darüber, dass wir dieselben Vorfahren haben wie die Bäume, die uns mit Sauerstoff versorgen. Wir haben denselben Ursprung wie das Getreide, mit dem wir unser tägliches Brot herstellen können. Die Mäuse und Eichhörnchen, Kühe und Pferde, denen wir auf Landwegen begegnen, sind in der Säugetierfamilie enge Verwandte. Es ist genauso ihre wie unsere Welt – wir leben in einer gemeinsamen Gesellschaft.

Auch in der Natur gibt es eine Art Rastlosigkeit, die bei unserem eigenen Leben Widerhall findet – es muss immer Vorwärts gehen, die Natur entwickelt sich ständig weiter. Unkraut und Büsche machen sich schnell breit, wenn ein Feld nicht bestellt wird, Weidenröschen, Nesseln, Ginster und Hornstrauch. Das Leben steht nicht still und die Ruhe, die wir in der Achtsamkeit finden, bleibt nicht im Moment stehen. Unsere eigenen Leben entwickeln und verändern sich – es ist die natürliche Eigenschaft des Lebens.

DANKSAGUNG

Danke an Monica Perdoni, meine Lektorin, die mir dabei geholfen hat, die Idee für dieses Buch zu entwickeln; an Tom Kitch für die Projektleitung; an Jenni Davis für ihre taktvollen herausgeberischen Fähigkeiten; und natürlich an das Design Team von Ivy Press.